가난한 사회,
고귀한 삶

새로운
세대를 위한
민주주의 2

# 가난한 사회,
# 고귀한 삶

살아있는 민주주의를 위한 청소년의 목소리

인디고 서원 엮음

궁리
KungRee

· **일러두기** ·

각 글에 표기되어 있는 글쓴이의 나이는 글을 쓴 당시의 나이임을 알려드립니다.

# 여는 글

"선배, 미래라이프 사업에 대해서 어떻게 생각하세요?" 2016년 8월, 한 후배가 물어왔습니다. 이화여자대학교에서 평생교육 단과대학을 세워 누구나 이대 졸업장을 취득할 수 있게 하는 사업에 '학위 장사'를 한다며 이대 학생들이 대대적인 시위를 막 시작한 때였습니다. 부끄럽지만 저는 당시 그 사업에 대해 잘 몰랐고, 그저 일상적인 시위가 일어났겠거니 생각했습니다. '일상적'이라 함은 분명 잘못된 일에 대한 외침인데, 그 요구가 받아들여지지 않고 또 잊히고 마는 그런 일이라는 의미입니다. 제가 이제까지 봐온 모든 것은 그렇게 잊히는 것이 자연스러운 것이었습니다.

저는 정확히 20대 전체를 소위 '보수'라고 불리는 정권 아래에서 살았습니다. 스무 살이 되던 해에 이명박 정권이 시작되었으니 말입니다. 저와 같은 시대의 또래들 모두가 그러하겠지만, 단 한 번도 진실이나 정의에 대한 승리의 기억이 없습니다. 그토록 반대했던 4대강 사업, 황망한 죽음에 대해 정확한 진상을 규명하라고 요청했던 용산 참사, 동네 주민들이 목숨을 걸고 온몸으로 막아섰던 제주 강정마을의 미해군기지 건설과 밀양 송전탑 건설, 그리고 세월호 참사. 무엇 하나 진실에 가닿을 수 있는 일이 없었고, 늘 실패했으며, 공고한 권력의 벽 앞에 절망해야만 했습니다. 참여를 많이 하지는 못했지만 집회 현장에 나설 때마다 "승리의 기억, 승리의 경험이 필요하다"고 말하고 다녔던 이유는 저 역시 그것이 무엇인지 경험해보지 못했고, 절실히 느껴보고 싶었기 때문입니다.

그런데 끈질기게 학교의 비리에 의문을 제기하고 진실을 요청했던 이대 학생들의 노력은 결국 미래라이프 사업을 철회하고 총장을 물러나게 하는 데 성공했습니다. 그리고 그 성공은 또 다른 진실을 향한 용기로 이어져, 국정농단을 파헤치게 했습니다. 대통령 탄핵안이 국회에서 가결되었고, 특검은 부패의 중심에 있었던 사람들의 과오를 파헤치는 데 속도를 냈습니다. 그리고 2017년 3월 10일, 대법관 8명의 만장일치로 대통령 탄핵이 인용되었습니다. 이 위대한 승리를 축하함과 동시에, 우리는 이 결과를 이끈 정신과 신념을 잊지 않을 수 있는 노력을 치열하게 해야 할 것입니다.

사람의 목숨을 귀하게 여기지 않는 이 잔인한 시대상은 생각지도 않았던 부분들에서 불쑥불쑥 참혹한 현실로 드러납니다. 자신이 탄 택시를 몰던 기사가 심정지로 쓰러져도 그를 버리고 갈 수 있는 승객들이나, 무차별적이고 무자비한 시위 진압으로 물대포에 맞아 쓰러진 한 사람이 317일간의 고통스러운 시간 끝에 세상을 떠나도 사과 한 번을 않는 국가 권력이나 다를 것이 없습니다. 이 비열하고 잔인한 시대는 결국 우리 개개인의 모습과도 닮았습니다. 그 사실에 치가 떨리게 화가 나다가도 한없이 두려워집니다. 과연 우리는 일어날 가능성이 있는 더 큰 재앙들을 막을 수 있을까요?

그래서 여기까지 오게 한 이들의 끈기, 혹은 굴복하지 않았던 그분들의 존엄한 근기에 대해 생각합니다. 2014년 4월 16일, "사월 십육일"이라 소리내어 말하기만 해도 눈물부터 나는 이 참혹한 사태에 얼마나 많은 사람들이 지금 이 순간까지 진상규명을 요청하고 있는지요. 진실이 침몰하지 않음을, 어둠은 빛을 가릴 수 없음을 믿어야만 했던 유가족들의 그 절박함을 저는 결코 다 헤아리지 못할 것입니다. 타협하지 않기 위해, 좌절하지 않기 위해, 절망하지 않기 위해 수천수만 번을 다짐해야 했을 그 고통스러운 시간들은 반드시 진상규명으로 보상받아야 합니다.

그 거대한 부패에도 침묵하고 방관하며 모르쇠로 일관했던 이들은 인간이기를 포기한 사람들입니다. 그리고 그렇게 인간이기를 포기하는 자에게 '우수한 학생'이라 칭송했던 것이 이 나라 교육제도의 실패를 증명합니다. 머리 좋고, 성실했고, 성적이 우수해 좋은 대학을 들어가 훌륭한 직업을 가졌던 이들이 저지른 수많은 부정의가 수십 년간 오로지 경쟁에서 남을 짓밟고 이기기를 요청했던 성과 위주와 성적 위주의 우리 교육이 빚어낸 것이라는 사실을 외면해서는 안 됩니다. 끈질기게 물어야 할 지점입니다. 이러한 교육을 견디고 있었던 모든 이들이 양심의 가책을 느껴야 하는 대목입니다.

인간의 본성은 원칙일 뿐 아니라 능력이기도 하다. 즉, 인간은 이성과 사랑의 능력을 발전시키는 만큼 자신의 본질에 도달한다. 인간은 인간이기 때문에 이성과 사랑의 능력이 있으며 그 반대도 가능하다. 다시 말해 이성적으로 판단하고 사랑을 할 수 있기 때문에 인간인 것이다. 자신을 자각하고 자신과 자신의 실존적 상황에 대해 진술하는 능력은 인간을 인간으로 만든다. 그리고 바로 그 능력이 인간 본성의 기본 요인이다.

　- 에리히 프롬, 『나는 왜 무기력을 되풀이하는가』 중에서

　여기, 인간이길 포기하지 않으려는 청소년들이 있습니다. 이 책의 저자는 아주 평범한 대한민국의 청소년입니다. 그들이 가진 특별한 점은 부산 남천동 학원 골목가의 작은 서점인 인디고 서원에서 매주 한 권 이상의 책을 읽으며 함께 토론하고 글을 쓴다는 것입니다. 대한민국의 청소년으로서 시험에도 직접적으로 연관 없는 공부를 하는 것은 현실과 괴리되는 일처럼 느껴집니다. 그럼에도 이들은 주어진 문제에 답을 찾는 시험기계가 되기보다, 자기 삶의 주인이자 이 세계의 책임 있는 시민으로서 무엇을 할 것인지 생각하는 인간이 되길 꿈꿉니다. 세계에 일어나는 불의를 외면하지 않고, 정의로운 사회를 만드는 것이야말로 자기 삶의 행복을 위한 첫걸음임을 깨달은 민주시민이기 때문입니다. 새로운 세대로서 선하고 정의로운 세상을 꿈꾸는 청소년들의 뜨거운 목소리가 조금 더 자유롭게 울려 퍼질 수 있다면, 분명 이 세계는 더 나은 곳으로 변할 수 있을 것입니다.

　우리가 이 극단의 시대를 헤쳐나갈 방법은 바로 선함의 평범성에 있습니다. 특별한 재주와 능력이 있는 소수의 사람이 아니라, 지극히 평

범하지만 선한 의지를 가지고 있는 의인들이 우리를 깨어 있게 합니다. 그 가능성을 모든 인류가 갖고 있음을 상기하기 때문입니다. 인간 선함에 대한 기대는 결국 우리가 살아갈 희망의 다른 이름이기도 합니다.

인간의 본성이 선한지 악한지 알 수 없습니다. 인류 역사를 모두 살펴보아도 그 두 가지 힘 중 무엇이 더 강한지 정확한 근거를 찾기 어렵습니다. 다만, 그 본성 중 무엇을 선택할 것인지는 전적으로 우리에게 달려 있다는 사실을 통감합니다. 무엇이 인간답고 정의로운 삶인지를 상상할 수 있는 능력이 바로 인간 선함을 가능하게 할 것입니다. 부디 제 안에 있는 선함이 위험에 처한 누군가를 구할 힘으로 발현될 수 있기를 꿈꾸며, 끈질기게 진실을 향해 갈 것입니다.

역사학자 하워드 진 선생님께서 "우리가 믿고 있는 바를 위해 다른 이들과 함께 투쟁하는 것, 그 자체가 이미 승리입니다"라고 말씀하셨듯 우리는 승리의 경험을 이미 하고 있습니다. 하지만 수많은 목소리가, 생명이 아스라져감에도 눈 하나 꿈쩍 않던 이 시대의 치부 역시 반드시 드러내야 할 것입니다. 승리의 경험과 동시에, 진실이 밝혀지기 너무나 어려웠던 그 실패의 기억들 역시 잊지 않을 것입니다. 포기하지 않고 끝까지 정의의 편에 선 아름다운 영혼의 목소리가 이 책을 통해 전해질 수 있도록, 저희 역시 이 민주주의의 광장에서 끝까지 정의의 편에 서 있겠습니다.

2017년 4월
인디고 서원에서 이윤영

# 차례

| 여는 글 | … 5

## 1부

**살아있는
민주주의를 위한
청소년의 목소리**

1 · 살아있는 민주주의를 실천하기 위한 삶의 기술　17

2 · 우리는 미래가 아닌 오늘날의 민주시민이다　35

3 · 좋은 시민이 되는 법 : 신념의 햇불을 밝혀라　45

4 · 윤리의 정치화와 시민의 탄생　67

## 2부

**고통의
기원에서 다시
시작하기**

1 · 가난한 사회, 고귀한 삶　87

2 · 의로움으로 시대의 아픔에 응답하다　103

3 · 우리는 어떻게 세계를 바꿀 것인가?　121

4 · 자발적 복종을 넘어 자유로운 인간으로　135

3부

—————

My Dear
민주시민

**1** · 새로운 시대의 교육혁명을 꿈꾸다    153

**2** · 끝까지 정의의 편에 선 사람    169

**3** · 억압의 시대, 삶이라는 자유를 위하여    183

**4** · 세계동시혁명의 가능성, 그 중심에 서다    197

# 1부

---

## 살아있는 민주주의를 위한
## 청소년의 목소리

---

분노는 언제 집단적으로 결집되는 것일까요? 사회 변혁은 어느 지점에서 촉발될까요? 2014년 4월 16일 세월호 참사를 기점으로 우리 사회는 완전히 바뀌었어야 합니다. 그런데 사람들은 서로에게 더 적대적이어지고, 그 적대감을 적나라하게 표출했지요. 경쟁의 논리는 더욱 공고해져서 이제 무너질 수 없는 것처럼 여겨지게 되었고, 생명보다 자본의 힘이 더 강하다는 것을 경험한 이 사회는 인간다운 삶을 포기한 듯 보이기도 합니다. 점점 더 비인간적이고 비윤리적으로 변해가는 정치, 경제, 사회, 문화는 생존을 직접적으로 위협할 뿐입니다. 노동자들의 권리를 위한 오랜 투쟁이 법정에서 패배하여 도무시 감당할 수 없는 배상액으로 되돌아와 노동자들의 삶을 옥죄고, 여전히 개발이나 경제성장이라는 이름으로 돌이킬 수 없는 자연파괴가 일어나기도 했기 때문입니다. 그리고 2016년, 역사상 다시는 일어나서는 안 될 국정농단의 파행까지 일어나고야 말았습니다.

　이것은 비단 한국 사회의 문제만은 아닙니다. 극단을 향해가는 세계에서 고통받는 사람들은 점점 늘어나고 있습니다. 세계대전을 경험한 누군가는 전쟁이 일어나기 전과 지금의 시대적 분위기가 비슷하다 말합니다.

정부와 언론은 공공연하게 거짓말을 하고, 여기에 수많은 사람들이 침묵하는 모습이 무척 닮았다는 것이지요. 그러한 사회 분위기 속에서는 극단적인 비인간성이 발현하는 것을 막지 못하고, 끝끝내 전쟁이나 학살이라는 가장 참혹한 형태의 폭력이 도래할 것이라고 말합니다. 이 말이 하나 과장된 것이 없다는 것을, 시간이 지날수록 우리는 눈으로 목격하고 있습니다.

부당한 일을 당했음에도, 불의를 보았음에도 왜 우리는 침묵하는 것일까요? 어떤 힘의 논리가 우리를 지배하는 것일까요? 이 문제는 어디서부터 시작되었으며, 왜 문제가 있다는 것을 인지하면서도 변화는 일어나지 않는 걸까요?

이 사회를 지배하는 숨 막히는 침묵과 냉소를 어떻게 극복해야 할 것인가 더 치열하게 고민해야 합니다. 그리고 그것을 극복하는 힘이 바로 '살아있는 민주주의'일 것입니다. 인간으로서 존엄함을 잃지 않고자 하는 외침, 그것이 살아있는 민주시민의 목소리이기 때문입니다.

# 1

## 살아있는 민주주의를
## 실천하기 위한 삶의 기술

2016년 하반기, 우리나라는 정치적으로 큰 혼란을 겪었습니다. 국가의 공적인 권한이 몇몇 사람의 사적인 이익을 위해 이용되었다는 것을 알게 된 시민들이 주말이면 집회에 참가해 촛불로 자신의 의사를 표현했습니다. 이렇게 많은 사람들이 모여 한목소리로 정치에 참여하고 있다는 사실은 우리의 시민의식이 아직 깨어 있음을 보여주지만, 그럼에도 권력층의 실질적인 변화는 더디기만 합니다. 대의민주주의에서는 투표로 선출된 소수가 다수를 대신하여 정치를 하는데, 이 선출된 소수의 대표자들은 권력을 마음대로 사용할 가능성이 있습니다. 또 정치적 결정을 내릴 때, 대표자들끼리 결정하고 국민들에게 통보하는 식이기에 점점 국민의 삶과 정치가 멀어지고, 자연스레 사람들이 정치에 무관심해지고 냉소하게 되지요. 국민의 견제와 감시가 없는 상황에서 권력은 더욱 쉽게 부정과 부패에 휘말리곤 합니다.

정치에 무관심하면 그 피해와 고통은 고스란히 국민에게 돌아옵니다. 공부를 해야 하거나 돈을 벌어야 한다는 등 다른 개인적 결핍을 채우기에 바빴던 지난 시간들은 거대한 불의를 감췄고, 몇몇의 이익을 위해 수많은 사람이 희생되고 고통받았습니다. 나의 노력과 열정 탓을 하는 바람에 보지 못한 사회 전체의 구조적 문제는 점점 더 많은 개인의 삶을 옥죄기 때문입니다.

좋은 대학을 가지 못하면, 반반한 직장을 가지지 못하면 그만큼 내가 할 수 있는 일도 줄어들고 내가 가진 힘도 줄어들 것이라는 두려움이 있기 때문일지도 모릅니다. 하지만 진짜 깨어 있는 시민은 그러한 개인적인 결핍을 두려워하지 않습니다. 혹은 기꺼이 그러한 두려움을 껴안고 함께 나아갑니다. 우리가 실천할 수 있는 민주주의는 무엇이 있을지 고민해봐야 합니다. 더 많은 사람이 함께 행복하게 살기 위해 민주주의를 되살리고 정의로운 사회로 나아가야 합니다. 공적인 문제에 조금 더 관심을 가지고, 소통하고, 목소리 내는 것을 두려워하지 않을 때, 정치적 권한을 위임받은 공직자들은 비로소 국민을 두려워하며 국민을 위한 정치를 시작할 것입니다. 우리는 이 혼란하고 어지러운 시국을 딛고, 여전히 더 나은 세상을 희망해야 합니다. 그리고 각자의 삶에서부터 살아있는 민주주의를 실천할 때, 마침내 꿈꾸던 세상은 현실이 될 것입니다. 그렇다면 우리가 민주시민으로서 하지 못하던 일은 무엇일까요? 민주시민이란 누구입니까? 그리하여 무엇을 해야 민주주의를 실천할 수 있을까요?

# 거대한 불의는 어떻게 가려졌는가?

· 이현서(14세) ·

2016년 국정농단이라는 거대한 불의가 가려질 수 있었던 이유는 진실을 말했다간 불이익이 올 수 있다는 두려움과 이기심 때문이라고 생각합니다. 우리나라에서 진실을 밝히기는 쉽지 않습니다. 커다란 권력 앞에서 나에게 불똥이 튈 수도 있다는 생각, 진실을 밝혀도 세상이 변하지 않을 것이라는 부정적인 생각 때문에 모두 하나같이 입을 다문 게 아닐까요? 그러니 권력을 쥔 사람들은 몇몇 사건과 관련된 사람들이 입만 다물면 아무 일도 없었던 것처럼 다 덮을 수 있다고 믿으며 우리나라 국민을 속인 것입니다.

· 신지현(14세) ·

사람들이 자신의 이익만을 최우선으로 생각해서 그런 것 같습니다. 관련된 사람들은 진실을 감춰주는 대신 여러 특혜를 받았다고 합니다. 자신들이 진실을 밝힌다면 더 이상 특혜를 받지 못하고 평범한 사람들과 경쟁해야 하는 것이 두려웠을 것입니다. 비겁하게 그게 두려워서 진실을 감춘 것 같습니다.

· 권민지(14세) ·

돈 때문이라는 생각이 많이 들었습니다. 이제까지 봐온 살인, 범죄, 방관 등의 범죄가 자신의 이익을 챙기느라 일어난 경우가 많았기 때문입니다. 우리나라에서 일어난 초유의 국정농단 사태도 결국 자신에게 불똥이 튈

까 봐, 자신의 권력이 무너질까 봐 조그만 이기심 때문에 처음부터 일어나지 않았어야 하는 일들이 거대한 사건으로 이어진 것 같습니다. 아직 명확하게 밝혀지지는 않았지만 최순실 씨는 어마어마한 돈을 빼돌렸다는 혐의를 받고 있습니다. 그리고 그 사실을 알았던 사람들은 이 문제를 공론화하지 않았습니다. 몇몇 사람에 의해 우리나라가 휘청거렸고 그게 개인의 이기심 때문이라는 점이 화가 납니다.

· 정세화(14세) ·

민주주의의 뜻을 찾아보았습니다. 민주주의란 국가의 주권이 국민에게 있고, 국민을 위해 정치를 행하는 제도라고 합니다. 즉 국민의 뜻을 반영하여야 한다는 것인데, 대통령은 국민의 목소리에는 귀를 막고 주위에 있는 몇 명의 소리에만 귀 기울였기 때문에 무엇을 잘못하고 있는지조차 몰랐을지 모릅니다. 그래서 대통령의 권력을 등에 업은 소수가 자신의 이익을 위해 권력을 마음껏 휘두를 수 있었던 것이지요. 대통령에게 검찰의 인사권이 있어서 삼권분립도 제대로 지켜지지 않았고 의문을 품거나 반대하는 사람들은 불이익을 당했습니다. 사람들은 불이익을 당하고 싶지 않아 불의를 보고도 쉬쉬해서 이 지경에 이르게 된 것입니다. 대통령과 그를 보좌하는 사람들이 진짜 시민들의 목소리에 귀 기울이고 헌법정신을 지켰다면 이런 일은 없었을 것입니다.

· 허영조(15세) ·

최소한의 양심을 지키려는 사람이 없었기 때문입니다. 우리나라 사람들은 권력이 있는 사람이 시키면 그것을 무조건 따르는 경향이 있는 것 같습니다. 그것이 옳은 일인지 생각하지 않고 그냥 윗사람이 시키는 일이니까 한 것이지요. 그런 게 익숙해지면 윗사람이 잘못을 저질러도 아랫사람은 그게 잘못된 일인지 모르거나 무서워서 그냥 넘어가게 됩니다. 우리나라는 약육강식이라는 말이 딱 어울리는 것 같습니다. 권력이 나누어져 서로 견제해야 하는데 그게 잘 안 돼서 이렇게 큰 문제도 드러나지 않은 것이죠.

· 이소정(14세) ·

진실이 감춰질 수 있었던 이유는 단순히 개인의 잘못은 아닙니다. 만약 불의에 타협하지 않는 목소리가 있었고 그에 귀 기울이는 사람들이 있었다면 이렇게 거대한 불의가 가려질 수 없었을 것이기 때문입니다. 특히 우리나라의 삼권분립 제도가 제대로 이루어져 서로를 견제했다면, 이러한 사태는 일어나지 않았을 것입니다. 헌법 제1조 2항에 보면 국가의 주인은 국민이라고 되어 있어요. 즉, 국민이 뽑은 사람들로 나라가 운영된다는 것입니다. 그래서 국민은 나의 목소리를 대변해줄 사람을 정확히 알고 선거라는 거대한 권리를 이용합니다. 다수결의 원칙으로 뽑힌 대표들은 많은 사람을 대변할 수 있는 입장을 내세워야 하지요.

하지만 지금 국민들은 정치적 소신보다 누가 아파트값을 올려줄 수 있는 사람인지에 더 관심이 많습니다. 당연히 정치적 신념이나 불의에 타협하지 않으려는 정의로운 목소리는 소외당하고 맙니다. 게다가 대표가 된 이후 국민의 목소리를 무시해도 권력이 유지되니까 대표들은 권력을 점점 더 남용하게 되고 사람들은 더욱 정치에 냉소합니다. 결국 이토록 거대한 불의가 가려진 원인은 개인이 아닌 국민과 정부 모두에게 있습니다. 다만 사람들을 대표하는 정부의 책임이 더 크고 막중할 뿐입니다. 사람들의 목소리에 귀 기울이지 못한 것부터 자신의 이익을 위해 권력을 남용한 것까지. 이것은 국민이 그들을 잘 모르고 뽑은 것보다 더 잘못입니다. 정부가 불의에 타협하고 자신의 이익만 좇는 사이에 국민들의 삶에 불편함이 스미었습니다.

## 피해자는 누구인가?

· 김유경(14세) ·

최순실의 딸 정유라는 자신의 삶을 열심히 살고 있는 초·중·고등학생들에게 큰 상처를 주었습니다. 부모를 잘 만나야만 자신의 인생이 잘 될 수 있다는, 돈 없고 권력 없는 사람들은 아무리 노력해도 절대 성공할 수 없다는 그 말은 지금 청소년들의 마음에 크나큰 상처를 주었습니다.

· 조아현(14세) ·

권력층의 이기적이고 침묵하는 행동들은 많은 국민에게 피해를 주었지만, 그중에서도 가장 큰 피해를 입은 사람들은 세월호 참사의 피해자들이라고 생각합니다. 진실규명도 제대로 되지 않아 사건 발생 당시 빠른 대처를 하지 못한 이유에 대한 여러 주장이 쏟아져 나왔는데, 진실이 무엇이든 바닷속에서 그 많은 생명이 죽어가고 있는데도 권력층은 무관심했습니다. 팽목항에서 돌아오지 않는 생명들을 어떻게라도 구하려고 가족들과 전 국민이 통곡했는데도 말입니다. 권력층의 늦은 대응은 결국 무사히 돌아올 수 있었던 아이들의 미래마저 수장시켜버렸고, 국민들은 더 많은 눈물을 쏟아야 했습니다. 세월호 참사와 관련하여 아직 해결하지 못한 많

진실이 감춰질 수 있었던 이유는 단순히 개인의 잘못은 아닙니다.
만약 불의에 타협하지 않는 목소리가 있었고 그에 귀 기울이는 사
람들이 있었다면 이렇게 거대한 불의가 가려질 수 없었을 것이기
때문입니다.

은 문제가 있습니다. 정부가 밝히지 않더라도 모든 일이 언젠가는 밝혀져 역사에 남는다는 사실을 그들은 기억해야 합니다.

· 정예주(15세) ·

이 땅의 한 명이라도 소외당하고 피해를 받으면 그것은 곧 우리 전체에게 일어난 일입니다. 그러므로 지금 모두가 피해를 받은 것입니다. 최순실 씨의 딸 정유라는 정당하게 대학에 들어가지 않고 부모님의 권력을 믿고 부당한 경로로 입학했습니다. 이 때문에 어떤 학생이 떨어지기도 했겠지요. 수험생들이 얼마나 열심히 공부하는지 우리 모두가 아는 일입니다. 하지만 정유라라는 사람은 그런 과정을 거치지 않은 것도 모자라 돈도 능력도 없는 부모를 원망하라는 말까지 했습니다. 또 우리가 열심히 일해서 낸 세금을 모두를 위해 쓰지 않고 자신의 이익을 위해 썼죠. 우리나라에 힘든 사람이 얼마나 많고 고쳐야 할 것이 얼마나 많은데 그 소중한 돈을 그렇게 쓰는 것은 용납할 수 없습니다. 그러니 대통령과 다른 정치인들도 모두 제발 모든 것을 내려놓고 우리 모두의 이야기에 귀를 기울였으면 좋겠습니다.

## 왜 분노해야 하는가?

· 정세화(14세) ·

국민이 직접 투표를 통해 뽑은 대통령이 공식적이지 못한 사적인 관계의 사람으로부터 조언받고 그에 따라 우리나라의 중대한 결정을 좌지우지했다는 것이 가장 큰 분노할 지점입니다. 우리의 대통령이 과연 누구였는

1부 살아있는 민주주의를 위한 청소년의 목소리

지 의문이 듭니다. 이화여대 학생들이 미래라이프 대학의 설립에 의문을 갖고 시작한 데모가 대학과 정부 간의 석연치 않은 관계를 드러나게 했고, 그 과정에서 정유라라는 학생의 이상한 입학, 성적처리 등이 알려졌습니다. 지금 우리 청소년기에 가장 큰 걱정은 성적과 입시입니다. 노력으로 결정된다고 믿었으며 그게 우리 사회에서 그나마 가장 공정한 평가라고 생각해왔는데, 그것 역시 부모의 힘으로 뒤바뀔 수 있다는 점에서 우리가 믿어왔던 사회의 공정성이 바닥부터 무너진 것 같습니다. 그동안 믿어왔던 세상이 출발부터 공평하지 못하다는 배신감이 너무 큽니다.

· 양서영(16세) ·

우리는 모두를 위해 분노해야 합니다. 학업 스트레스에 시달리며 다른 세계에 관심을 가지는 일은 그릇된 것으로 치부해 늘 자신의 가능성을 줄여야 했던 우리를 위해, 노동개혁으로 무력함에 빠진 비정규직 노동자와 실업자와 구의역에서 생을 마감해야만 했던 청년을 위해, 체계적이고 실질적인 복지 체계의 부재와 빈곤으로 자살한 세 모녀를 위해, 세월호 참사 희생자를 위해, 그리고 미처 여기에 다 적지 못한 이를 위해 분노해야 합니다.

· 이소정(14세) ·

우리가 이 시국에 분노해야 하는 이유는 잘못된 것을 바로잡기 위해서입니다. 물론 정부의 잘못에 대해 일차적인 화가 나는 건 당연하지만 진정한 분노는 다른 행동을 이끌어냅니다. 우리가 믿고 뽑은 대표들이 무책임한 행동을 했고 그로 인해 우리는 보장받아야 할 권리를 침해당했습니다. 이것은 민주주의 사회에서 일어날 수 없는 일이며 이대로는 독재정권과 같은 상황도 일어날 수 있다는 증거입니다. 따라서 우리가 국민으로, 주인으로서 이 시국을 바로잡아야 하는 것입니다. 특히 최소한의 존엄을 보장받지 못했던 단원고 학생들, 구의역에서 스크린 도어를 수리하다 죽은 청년을 보며 우리는 무책임한 국가에 항의해야 합니다. 또 이러한 저항은 끝이 아니라 언제라도 다시 일어날 수 있는 것이 되어야 합니다. 진보할 수 있었던 우리의 시간이 이렇게 흘러가버린 것에 대해 안타깝게 생각하고 분노를 곧 희망으로 바꾸어야 합니다. 이것이 우리의 의무입니다.

· 권민지(14세) ·

이때까지 우리는 정부가 하는 일에 신경 쓰지 않았습니다. 우리는 큰일이 발생해야 그 문제에 관심을 가졌으며 그때 진실이 뭔지, 왜 그렇게 된 건지 등을 따지지 않고 분노만 하였지요. 하지만 이러한 시국에 감정적으로만 분노하면 결국 또 잊히고, 같은 일이 반복될 것입니다. 우리에겐 진실한 분노가 필요합니다. 국가의 체계가 무너지는 오늘날, 이런 사건에 대해 분노 이후의 개혁이 있어야 합니다. 지금까지도 역시 분노를 행동으로 옮긴 사람들 덕분에 우리나라의 발전이 있었습니다. 언제까지나 피해자로 남을 수는 없습니다. 우리도 이제 새로운 변화를 만들어야 한다고 생각합니다.

## 내 삶에서 민주주의 실천하기

· 소준하(14세) ·

국가는 국민이고, 모든 권력은 국민으로부터 나옵니다. 하지만 요즘은 돈이 많을수록 권력이 커지고, 돈이 적을수록 권력이 작아집니다. 게다가 우리는 장애인, 빈곤층, 노인과 같은 소수 약자들의 목소리를 잘 듣지 않습니다. 강자들을 더욱 강하게, 약자들의 말은 무시하고 더 약하게 만든 탓에 지금과 같은 국정개입 사태가 벌어진 것이라고 생각합니다. 그러니 앞으로는 소수의 약자들의 말을 무시하지 않고 그것에 관심을 가져야만 진정한 민주주의가 가능할 것입니다.

· 성유정(14세) ·

우리 사회는 소수의 의견을 듣지 않아 부당한 사회가 되었습니다. 특히 노인, 장애인 등 계속 목소리를 내지만 귀 기울이는 사람이 적었지요. 따라서 우리는 소수의 목소리도 귀중하게 들어야 합니다. 또 정치 문제에 대해서도 무관심하지 않고 관심을 가져야 합니다.

· 정세화(14세) ·

우선 타인의 의견을 존중하고 소수의 의견도 존중하면서 대화와 타협을 통해 이견을 조율하고, 서로의 차이를 줄여나가는 연습이 많이 필요합니다. 그리고 나와 다른 사람도 인정하고 무시해서는 안 됩니다. 여러 일을 겪으면서 우리가 어리긴 하지만 정치에 무관심해지면 안 되겠다고 생각했습니다.

· 허영조(15세) ·

민주주의가 지켜지기 위해 우리나라에서 일어나는 일에 관심을 가져야 합니다. 정치는 어른들이 하는 것이라고 말하는 순간, 이 나라는 우리의 것이 아니라 어른들의 것이 됩니다. 그러니까 우리들의 목소리 하나하나가 다 중요합니다. 그래서 청소년들이 모여서 토론도 하고, 나중에 우리가 살아갈 세상을 어떻게 만드는지 감시를 하면서 관심을 가져야 그들도 똑바로 할 것입니다.

· 권민지(14세) ·

사실 우리는 민주주의를 실천하기에 너무 어리거나 그래서 못한다는 고정 관념이 있습니다. 먼저 해야 하는 건 그 고정관념을 부수는 것입니다. 우리는 충분히 할 수 있고, 변화도 가능합니다. 사소한 것 하나라도 우리는 민주주의를 실천할 수 있을 것입니다. 예를 들면 촛불시위에 참여할 수도 있습니다. 우리의 행동 하나하나가 바로 실천이고, 민주시민이 되는 방법입니다.

· 이준서(17세) ·

누군가의 잘못을 지적하기 위해선 지적하는 사람이 그 잘못에 대해 숙지하고 있어야 하고, 또 다른 시각에서도 바라보고 이해할 필요가 있습니다. 일상에서 살아있는 민주주의를 실현하기 위해 우리는 SNS나 인터넷을 통해 다른 사람들과 의견을 교환하고 뉴스를 많이 보며 사회에 대한 넓은 시야를 가져야 합니다. 이러한 나의 모습이 다른 사람들에게 긍정적인 영향을 미치는 순간 참된 시민이 되고 살아있는 민주주의를 실현하게 됩니다. 시민으로서 목소리를 내야할 때면 우리나라 사람들은 촛불을 들고 거리로 나섰습니다. 만 명, 2만 명, 어떤 때는 10만 명이 넘는 사람이 모였는데도 완벽하게 질서를 지키고 평화적으로 시위를 해 높은 시민의식을 보여주었죠. 혼란하고 어려운 국가의 위기를 딛고 우리는 더 이상 소수의 엘리트가 이끄는 것이 아니라 시민 전체가 이끌어 가는 나라를 희망할 수 있습니다. 시민들과 소통하고, 더 나은 정책과 나라를 지향해야 합니다. 더 이상의 불통은 통하지 않아야 합니다.

· 이소정(14세) ·

일상에서 국민들이 할 수 있는 일은 아주 간단한 일입니다. 바로 뉴스와 신문 등 언론을 가까이하는 것입니다. 다시 말해서 세상이 어떻게 돌아가고 있는지를 잘 알아야 합니다. 당장 사람을 바꾼다고 해서, 정부를 바꾼다고 해서 모든 일이 해결될까요? 물론 좋은 사람이 청렴하게 대한민국을 이끈다면 좋은 일이겠지만, 슬프게도 스스로 그렇게 해낼 수 있는 사람은 많지 않습니다. 그래서 바꾸어야 하는 것은 우리의 태도입니다. 이 사건을 통해 우리는 어떤 민주시민이 되어야 하고 우리는 어떤 사회를 만들 것인가 고민해봐야 합니다. 그리고 어떤 정부의 모습이 만들어지고 있는지, 논란은 무엇인지 잘 알아야지 판단을 할 수 있습니다. 잘 알지 못하면 현명하지 못한 판단을 내리기 쉽죠. 이렇게 언론을 가까이하고 스스로 생각을 메모해두는 작은 습관이 결국 우리의 권리를 주장하고 더 나은 사회로 만드는 방법 아닐까요?

· 조찬희(17세) ·

일단 가슴속에서 민주주의가 우리 선조들이 얼마나 소중하게 지켜낸 가치인지 깨닫고, 그 마음을 가지고 있다면 어디 가서든 당당히 민주시민다운 행동을 할 수 있다고 생각합니다. 물론 이론적인 말은 쉽습니다. 왜 실천하기 어려울까요? 가장 큰 이유는 두려움입니다. 우리 사회는 바른말을 하고 남의 잘못을 신고하는 행동 때문에 보복당할 것 같다는 두려움이 큽니다. 개인적으로는 민주의식에 대학 신념과 용기를 가지는 것, 사회적으로는 민주적으로 행동했을 때 보호받을 수 있는 시스템을 만들고, 이에 알맞은 교육을 한다면 헌법의 가치를 수호할 수 있는 나라가 될 수 있다고 믿어 의심치 않습니다.

## 우리가 만들어갈 좋은 세상

· 조아현(14세) ·

인류의 역사는 시련이 올 때 더욱 발전하고 나은 삶으로 나아갔습니다. 이것을 기억하고 다시는 이런 일이 일어나지 않도록 해야 합니다. 삼권분립이 명확해지고 이번 사건에 연루된 모든 이들이 법 앞에 평등하게 재판받길 바랍니다. 이를 바탕으로 우리의 의견을 반영할 대표를 잘 뽑도록 해야 합니다.

· 박준서(15세) ·

저는 우리나라가 앞으로 평등한 나라가 되어야 한다고 생각합니다. 피와 땀을 흘리며 열심히 사는 사람에게 보상을 하는 나라가 되어야 합니다. 사람들이 말하는 금수저, 다이아몬드 수저 등 계급이 정해져버리면 사회는 반드시 퇴보합니다. 이건 도덕 교과서에 나오는 '정의'와는 다릅니다. 최선을 다해 노력하는 사람이 잘될 수 있는 나라가 되어야 합니다.

· 신지현(14세) ·

좋은 사회의 조건은 공동의 문제에 대해 토론을 하며 평가를 받고 이에 대
해 반성하고 개선하는 것입니다. 토론을 하면 자신의 생각이 문제점과 다
른 해결 방안에 대해 알 수 있습니다. 또 사람들의 의견도 알 수 있지요.
다른 이에게 평가를 받고 반성함으로써 어떠한 문제도 해결할 수 있다고
생각합니다. 권력층도 국민들에게 평가받고 반성해 잘못된 것을 확실히
알고 개선할 수 있어야 합니다.


· 권민지(14세) ·

어떤 나라가 되어야 할지 꿈꾸고 희망을 가지려면 한 명 한 명의 마음을
모으고 '우리'를 생각해야 합니다. 좋은 사회란 사람들이 공존하고 나 혼
자가 아닌 주변을 생각하는 사회이니까요. 사실 돈도 많고 모두 잘사는
사회가 되면 좋겠지만, 물질적으로 잘사는 것은 한계가 있어요. 서로가
전체를 생각할 수 있다면 권력과 자신의 이익도 과감히 버릴 수 있는 사람
이 되는 게 아닐까 싶습니다.


· 양서영(16세) ·

저는 소수자 혐오가 없는 세상을 꿈꿉니다. 밤거리를 자유로이 돌아다니
고, 시위에 참석하든 거리를 돌아다니든 한다고 이질적인 시선을 받지 않
을 수 있는 세상 말이지요. 구성원 모두와 그들이 내는 목소리가 존중받
는 사회를 만들었으면 합니다. 이를 위해서는 교육 과정 개편이 필요합
니다. 21세기를 사는 우리의 교육제도가 18세기 영국의 교육제도와 다를
바 없어선 안 됩니다. 개인의 잠재력을 인정하고 그것이 발현될 수 있도록

돕고 기다려 줄 수 있는 교육이 되어야 합니다.

· 이준서(17세) ·

행복한 나라를 만들기 위해서는 교육이 바뀌어야 합니다. 현재처럼 시험에만 매여 살아가는 게 아니라 여러 주제에 대해 자유롭게 토론할 수 있고, 좋은 문학 작품을 외우지 않고 가슴으로 공감할 수 있어야 하지요. 시험 결과가 성과가 되는 것이 아니라 학생 스스로 관심 있는 분야를 주도적으로 공부하는 게 바람직하지 않을까요? 저는 어른이 될 때까지 최대한 주변에 이런 생각을 전파해 미래의 교육감, 미래의 선생님을 바꿀 것입니다. 또 현재 학교에서 청소년들이 이런 문제의식을 갖도록 해서 교육을 바꾸겠다는 마음가짐을 갖도록 할 것입니다.

· 이소정(14세) ·

앞으로 우리가 만들어가야 할 사회는 이미 헌법에 잘 나와 있습니다. 제가 원하는 사회는 아이들이 행복한 나라입니다. 학교든 학원이든 집에서든 그들의 미소를 지켜주고 싶습니다. 우리나라는 경제대국이지만 청소년 사망원인 1위가 자살이라는 끔찍한 통계가 있는 나라입니다. 1등은 오직 한 명뿐이지만, 모두가 1등이 되길 강요받기 때문 아닐까요? 그렇기에 경쟁보다는 협력과 소통이 더 중요하게 여겨져야 합니다. 아이들이 교과서 내용을 그대로 적고 외우기보다 몸으로 체험해보고 자연과 친해지고, 자기 자신에 대해 잘 알았으면 좋겠습니다. 나무를 타고 수영을 하고, 산책도 하며 친구들과 뜨거운 열정으로 토론을 해서 인문학을 배우는 것입니다. 제가 이 방법을 선호하는 결정적인 이유는 자신의 수학 점수가 70점이라고 해서 자신이 70점짜리 아이라고 생각하는 것을 막을 수 있기 때문입니다. 이런 교육방법은 우리를 운명의 주인이 되고 영혼의 선장이 되는 길로 이끌어줍니다. 이러한 근사한 삶을 주기 위해서는 오지선다형 대신 프랑스의 바칼로레아처럼 서술형으로, 대학 줄 세우기 대신 대학 평준화로 제도를 바꿔야 합니다. 어떻게 보면 불가능할지 몰라도 청소년의 행복, 목숨보다 중요한 것은 없습니다.

둘째로 좀 더 철학과 친한 사회가 되었으면 좋겠습니다. 만물의 근원은 철학에 있다고들 합니다. 하지만 이렇게 거창한 철학이 복잡하고 어렵지만은 않습니다. 오히려 수학, 과학보다 단순할 수도 있습니다. 다른 사람과의 토론에서 우리에게 꼭 필요한 질문 한 개와 내가 듣는 의견 하나가 철학의 전부라고 생각합니다. 다시 말해 좀 더 능동적으로 토론을 할 수 있는 사회가 되어보자는 것입니다. 힘없는 정치에 대한 불평보다 제대로 알고 하는 비판 한 마디가, 가볍게 지나치는 나의 태도보다는 사소한 것부터 나의 정당한 권리로 인식하는 것이 우리 사회를 좀 더 바람직한 모습으로 만든다고 생각합니다.

· 소진아(18세) ·

예비 고3 수험생이 되니 교실 곳곳에는 공부를 자극하는 글귀가 생겼습니다. "행복은 성적순이 아니지만, 성공은 성적순이다"라는 글귀에 쓴웃음이 지어졌죠. 부정하고 싶지만, 한국 사회에서는 사실이라는 것을 잘 알기 때문입니다. 성적이 인생을 결정하는 불행한 사회에서 우리는 경쟁자인 친구들의 뒤통수를 보며 칠판의 글씨를 받아 적습니다. 학교에서 선생님이 인문적인 이야기를 하시거나 독서를 바탕으로 한 숙제를 내주실 때,

친구들은 시쳇말로 '극혐(극도로 혐오)'합니다. 남들보다 한 문제 더 풀고 단어 하나 더 외우는 게 중요하지, 책을 읽는 건 시간 낭비라는 것입니다.

민주주의 사회에서, 학생들은 이렇듯 민주주의와 반하는 현실을 매일 마주칩니다. 우리는 분명 민주시민이지만, 질문을 하거나 의견을 밝히거나 사회를 바꾸는 행렬에 동참하기 전에 늘 주저하게 됩니다. 당장 우리 눈앞에 문제가 되는 교육이 변화의 시작이 되어야 합니다. 먼저 오지선다형의 시험을 바꿔 학생들 스스로 문제를 제기하고 답을 찾아가는 학습방법을, 함께 어울려 문제를 해결하는 토론 문화를 만들어가야 합니다. 그리고 민주시민으로서 나의 의견을 주장할 수 있어야 하고 타인의 의견을 수용하는 것을 직접 체험해 보아야 합니다. 또 학생들의 다양성을 인정하고, 한 명 한 명 소중한 존재로 대우받으며 자신의 진로를 탐색해보고 사회로 이어지는 자기실현의 교육이 되어야 합니다. 교육은 국가의 발전이 아니라 개인의 행복을 스스로 찾을 수 있도록 힘을 키워주는 것이어야 하기 때문입니다. 획일적인 이념을 강조하거나 체제 옹호적인 국정 교과서보다 다양한 출판사들이 자유로운 경쟁 속에서 질 높은 교과서를 채택할 수 있어야 합니다. 고교평준화처럼 대학도 평준화하여 모든 교육 현실의 원인이라고 할 수 있는 입시경쟁을 없애고 사교육의 병폐도 막아야 합니다.

인간이 태어난 것은 경제를 발전시키고 국가에 이바지하기 위해서가 아닙니다. 우리는 행복한 삶을 살기 위해 태어난 것이지요. 헨리 데이비드 소로는 "우리는 먼저 인간이어야 하고 그 다음에 국민이어야 한다"고 했습니다. 또 역사학자 하워드 진의 말처럼 우리는 이 교육현실을 개선하기 위해 끝없이 토론해야 합니다. 개인이 행복하고 더불어 행복해지는 세상을 만들 때까지 말입니다.

# 2

# 우리는 미래가 아닌
# 오늘날의 민주시민이다

어렵고 혼란스러울 때면 사람들은 근본적인 질문을 던집니다. 정국이 어지러운 요즘, 그래서 우리는 민주주의에 대해 다시 생각하게 되지요. 국민의 대다수가 '우리나라가 진정 민주국가인가'라는 의문을 가지며 정치에 관심을 집중하고 있습니다. 관심을 넘어 적극적인 권리 행사와 집회, 결사 등의 정치적 행동에 연일 나서고 있습니다. 지금까지 우리는 과연 민주시민이었을까요?

민주시민이라면 불의한 사회에 저항할 수 있어야 하며, 자신의 의견을 자유롭게 밝힐 줄 알아야 합니다. 우리 사회의 통념 중 하나로 '정치 관련된 발언은 여러 사람을 불편하게 한다'라는 말이 있습니다. 이는 스스로뿐만 아니라 정의롭고자 하는 다른 사람들의 의지를 위축시키고, 자유롭고 적극적인 표현 욕구를 억압합니다. 저는 이러한 통념이 학교에서도 여실히 드러나는 것을 목격하였습니다. 한 선생님께서 사드배치 관련 동영상을 학생들에게 보여주었는데, 당일 그 선생님은 교육청에서 정치 관련 내용을 학생들이 접하게 하지 말라는 경고 전화를 받았습니다. 일부 선생님들은 '최순실 게이트'와 같은 시국에 대해 이야기를 나누는 학생들에게 그럴 시간에 성적 올리는 데 신경 쓰라고 하십니다.

다수의 선생님은 "교사는 중립을 지켜야 한다"며 일체 언급을 피하려고 하십니다. 학생들이라고 다르지 않습니다. 학교가 강제하는 보충수업과 야간자율학습에 불만을 가짐에도 불구하고 그에 대해 저항을 하거나 당당히 의견을 밝히려는 학생은 극히 드뭅니다. 그것이 정치적인 행동으로 보일까봐, 요주의 인물로 찍힐까봐 두려워하는 것이겠지요. 그런데 과연 그것은 중립적인 것일까요? 불의에 침묵하는 것은 상황을 악화시킨다는 것을 우리는 최근 몇 년 사이 몇 번이나 반복해서 확인했는지요.

어른들 또한 투표하는 것 외의 민주시민의 권리 행사는 정당원이나 시민단체 등의 특정한 부류의 사람들에게 떠넘기고 있습니다. 그렇게 우리는 민주시민으로서 역할을 잃어버렸고, 자신이 민주시민이어야 함을 망각하고 말았습니다. 대한민국의 국정 혼란은 그동안 대한민국이 안고 있는 문제들이 더는 숨길 수 없이 곪아 터져 나온 현상이 아닐 수 없습니다. 이렇게 되기까지 그 많은 유능한 정치인들과 지식인들, 선량한 시민들은 무엇을 했던 것인가요?

질문해야 합니다. 정치적인 것이 왜 말해서는 안 될 것이라고 꺼리게 되었는지 말이지요. 또 무엇이 우리가 민주시민이라는 사실을 망각하게 한 건지, 민주시민 역량을 키우기 위해 우리가 노력할 점은 무엇일까요?

## 민주시민임을 잊는 이유

· 김다린(15세) ·

저는 우리 사회에서 크나큰 부패와 부정의가 감춰질 수 있는 이유는 침묵과 무관심 때문이라고 생각합니다. 대부분의 경우, 권력을 가진 사람들이 개인적인 이득을 취하기 위해 자신들의 죄에 무감각했고 다른 사람들의 고통에 침묵했기 때문입니다. 그리고 그 주위에서 그 일들을 지켜봐 온 사람들은 침묵의 대가로 막대한 부를 축적할 수 있었을 것입니다. 그런데 그 사실을 모르고 있었던 저와 저의 부모님, 그리고 모든 국민에게도 책임은 있습니다. 사태가 심각해질 때까지 사회에 무관심했기 때문입니다. 서로의 고통에 공감하지 못하고 목소리를 내지 않습니다. 권력을 쥔 사람들에게는 이 무관심이 고마울 것입니다. 관심을 가졌더라면 권력을 쥔 사람들은 긴장하고 자신들이 하는 행동 하나하나에 신경을 썼을 것이기 때문이죠.

학생들은 지금 이 힘든 공부를 참고 해나가면 더 좋은 미래가 올 것이라는 믿음으로 공부합니다. 지금 이 공부가 끝나면 더 좋은 삶을 살 수 있다는 믿음으로 공부합니다. 하지만 그 믿음은 지켜지기가 참 어렵습니다. 학교에서 가르치는 '양심을 지키자'는 말은 아무 의미 없어졌고 착한 사람들은 잘 살고 나쁜 사람들은 벌 받는다는 말은 이미 거짓입니다. 이런 상황에서 학생으로서 무슨 일을 해야 할지 막막합니다. 그런데 학생이

국정농단에 분노하며 거리로 나온 시민들의 촛불집회 모습을 보며
괜스레 눈시울이 붉어졌습니다. 스스로 무력 충돌 없이 비폭력 시
위를 만들어 가자고 하는 시민들의 목소리가 뜨거웠기 때문입니다.

기 때문에 힘든 공부를 참아야 한다고 말한 이 사회와 그것을 묵묵히 참고 견딘 학생 모두가 민주시민으로서 책임을 스스로 저버린 것은 아닐까요? 각자의 이익을 위해 사회에 무관심해야 한다고 믿었던 바로 우리 자신의 모습은 지금 우리가 마주하고 있는 부패한 권력과 다를 것이 없어 보입니다.

앞으로 민주주의를 지켜나가기 위해 제가 할 수 있는 일은 관심을 가지는 것입니다. 끝까지 끈질기게 대항하고 목소리를 내며 관심을 가지는 것입니다. 그래서 이루고 싶은 좋은 사회의 조건은 상식이 통하는 사회입니다. 지금 이 상황은 아무리 생각해보아도 용납이 되지 않습니다. 좋은 사회에서 상식이 통하는 것은 아주 기본적인 것입니다. 모두에게 균등한 기회가 주어지는 것, 똑같이 나누는 것이 아니라 상황을 고려하여 나누는 것. 이것이 모두 상식에 맞는 것입니다. 앞으로 우리 사회가 이런 좋은 사회로 나아갈 수 있으면 좋겠습니다.

· 양서영(16세) ·

2014년에 이미 비선 실세 의혹이 불거졌지만 최초 유포자 최 경위가 청와대 문건 유출 혐의로 검찰 조사를 받은 후 자살함으로써 사건은 묻혔습니다. 불의를 세상 밖에 꺼내려던 인물은 왜 죽어야만 했을까요? 양심을 가진 자, 진실을 추구하는 자가 위험에 빠지고 외롭게 투쟁해야 하는 것. 그것이 우리가 나약한 민주주의 사회에서 살아가고 있다는 증거라 생각합니다.

저는 정부가 가난한 이들에게서까지 징수한 세금으로 부정부패를 일삼는다는 것을 이미 알고 있던 많은 사람이 왜 그동안 고발하지 않았는가에 대한 의문이 생겼습니다. 사사로운 이익에, 명예가 실추될지도 모른다는 공포에 침묵을 택했다면 정말 기득권층에 양심 있는 사람은 아무도 없었던 걸까요? 이런 이들이 성공하는 사회라는 점이 바로 우리가 민주시민으로 정의롭게 살아갈 수 있다는 것을 잊게 하는 원인이라 생각합니다.

· 이준서(17세) ·

아무리 열심히 해도 돈을 많이 가진 사람을 이길 수 없고, 진실을 외치는 자가 불이익을 받는 사회에서 평범한 대다수는 무력하고, 무기력할 수밖에 없습니다. 그렇다면 무기력에서 벗어날 수 있게 해줄 내 삶의 원칙을 생각해보자면, 무엇이든 의심해보는 것 같습니다. 헨리 데이비드 소로의 『시민의 불복종』에는 "나는 누구에게 강요받기 위하여 이 세상에 태어난 것은 아니다. 나는 내 방식대로 숨을 쉬고 내 방식대로 살아갈 것이다. 누가 더 강한지는 두고보도록 하자"라는 문장이 있습니다. 자신이 마음대로 할 수 있을 때까지 저항하겠다는 그의 비장하기까지 한 문장은 제 피를 끓게 했습니다. 우리는 평소에 누군가에게 강요받고 있다고 생각하지 않습니다. 하지만 조금만 의심해 본다면 우리는 많은 것을 강요받고 있습니다. 원하지도 않는 국가정책을 위해 우리의 세금을 내라고 강요받고, 국가 보호를 위해 군에 입대할 것을 강요받지요. 공부를 잘하건 못하건 모두 수학과 영어를 잘해야 하고, 그 외의 선택에 대해서는 '특수한 경우'로 취급받습니다. 왜 우리는 우리가 동의하지도 않은 일을 해야 할까요?

제가 민주시민임을 망각하게 되는 이유는 바로 이것, 제가 원하는 것을 선택한 적이 없기 때문입니다. 그래서 저는 동의하지 않은 일을 하지 않기 위한 노력들을 할 것입니다. SNS에서 한마디를 하는 것도 하나의 방법일 것이고, 집회나 시위에 참여하는 것은 더더욱 좋을 것입니다. 소로처럼 극단적으로 법을 어겨 감옥에 들어가는 것이 아니더라도 내 방식대로 살아가기 위한 노력으로 이런 원칙을 적용시켜 살아간다면 법에 대한 존경심보다 정의에 대한 존경심이 길러지지 않을까 생각해봅니다.

## 민주시민의 삶을 선택하겠습니다

· 조민경(17세) ·

국정농단에 분노하며 거리로 나온 시민들의 촛불집회 모습을 보며 괜스레 눈시울이 붉어졌습니다. 스스로 무력 충돌 없이 비폭력 시위를 만들어 가자고 하는 시민들의 목소리가 뜨거웠기 때문입니다. 제가 살고 있는 부산에서는 20만 명의 시민들이 거리로 나와 더 나은 세상을 만들기를 바랐지요. "분노할 일에 분노하기를 결코 단념하지 않는 사람이라야 자신의 존엄성을 지킬 수 있고 자신이 서 있는 곳을 지킬 수 있으며 자신의 행복을 지킬 수 있다"라는 프랑스 지성인 스테판 에셀의 말이 참 많이 떠올랐습니다.

그런데 생각해보니 거리를 점거하여 자신들의 목소리를 내는 취지의 시위는, 그리하여 더 좋은 세상을 만들어가겠다는 의지가 불타는 우리의 거리는, 결코 눈물지을 일이 아니었습니다. 당연한 시민의 권리조차 '감동적인' 것으로 느끼게 하는 이 시스템은 어떻게 만들어진 것일까요?

우리가 고발해야 할 시대의 부정의가 한두 가지가 아니라는 사실은 자명합니다. 정치 부분을 떠나서 우리 사회에 던져야 하는 질문은 아주 많지요. 하지만 이 모든 것의 바탕에는 어쩌면 처음부터 잘못되었을 시스템이 있습니다. 시대에 맞지 않는 옷은 벗어던지고, 어디서부터 어떻게 고쳐

나아갈 것인지에 대한 진지한 논의도 시작해야 합니다.

진실을 밝히는 것은 무척 어렵고 힘든 일입니다. 괜한 분란을 만들어내는 것 같아 보이기도 하고, 진실이 확실히 밝혀지기 전까지는 무엇이 진짜인지 분간하기도 쉽지 않은 일이지요. 하지만 진실을 추구하지 않는 사회는 보이지 않는 곳에서 또 다른 부정한 일들이 반복될 것이 분명하며, 그것은 결코 우리가 그리는 이상적인 모습이 아닙니다. 그런 의미에서 청렴한 사회를 만드는 첫걸음은 '진실을 보려는 자세'를 갖추는 것이 아닐까 생각합니다.

"아직 이해관계나 인간관계가 뒤얽힌 이전투구에 휩싸이지 않은 그대들, 순수와 선의로 목청껏 외칠 수 있는 그대들이 아니라면, 도대체 누가 정의의 완성을 위해 날아갈 것인가?"라고 물었던 프랑스 지성인 에밀 졸라에게, 저는 부끄럽지 않은 한 청년이 되고 싶습니다. 또한 '하늘을 우러러 한 점 부끄럼 없는' 인간이기를 바랐던 윤동주 시인의 바람을 그대로 받드는 사회가 되기를 간절히 바랍니다.

· 김민성(17세) ·

법이란 존경심을 가져야 할 존재가 아닙니다. 법이 정당성과 정의를 갖고 있지 않은 이상 법을 지킬 이유는 없습니다. 예를 들어 전기 사용에 따른 누진세 같은 법은 정의에 맞지 않습니다. 대다수의 힘없는 시민들이 손해를 보고 한국전력공사는 약 12조 원의 흑자와 약 2,000만 원의 성과급을 직원들에게 주었습니다. 이런 법에 무기력해지는 삶을 살아서는 안 된다고 생각합니다. 그래서 무엇보다 무엇이 정의롭지 못한 법인지를 알고 불복종하는 삶을 살아야 한다고 생각합니다.

투표하는 것은 우리가 할 수 있는 최대의 주권행사 중 하나입니다. 현재 만 19세 이상의 모든 대한민국 국민에게 투표권이 보장되어 있습니다. 투표를 통해 작게는 지방자치단체의 선거부터 국회의원, 대통령까지 모두 국민의 손으로 결정합니다. 그러나 대다수의 국민이 이것이 얼마나 중요한지 잘 모르는 것 같습니다. 국회의원은 잘못된 법과 정책을 바로잡고 국민을 위한 법을 제정하는 사람들입니다. 그리고 대통령은 행정부의 수반이자 국가원수로 우리나라의 전반적인 것을 담당하는 사람입니다. 이런 중요한 사람을 뽑는 투표가 얼마나 중요한 것인지를 모르는 것이 우리가 방기해온 책임입니다. 생활의 전반이 정치인데 정치라 하면 자신과 아무 관계 없는 것처럼 살고, 그러면서 축구 훈수 두듯 사회에 대해 비판만 하며 자신의 영향력인 투표를 하지 않는 삶은 가장 무기력한 삶입니다.

정부는 당연히 피통치자, 즉 국민의 동의를 받아야 합니다. 그러나 실상은 그렇지 않습니다. 재정이 부족하다고 자영업자에게 아무런 통보 없이 과세하고, 법이 바뀌었다는 이유로 간판에 대한 사용료, 즉 도로점유로 인한 세금을 부과합니다. 실제 도로를 사용한다고 보기 어렵다고 항의하면 법이 바뀌었다는 말만 반복합니다. 그리고 통장에 돈을 얼마가 들어오는가를 직접 파악하여 실제 소득이 아님에도 불구하고 법을 이유로 소득에 대한 과세를 하는 등 가장 힘없는 자영업자들에게 세금을 갈취해가는 것이 현실입니다. 노동조합도 힘이 없고, 언론도 가르쳐주지 않는 이런 사회에서 직접 나서서 알아보고 바뀔 수 있도록 노력하는 삶을 살아야 한다고 생각합니다.

저는 생활의 전반을 책임지는 정치인을 제대로 뽑는 삶을 살고 싶습니다. 그리고 제대로 인간다운 삶을 영위하고 싶습니다. 제가 이런 꿈을 꾸는 것이 특별한 것입니까? 저는 지금도 민주시민이며, 그 권리를 당당히 누릴 것입니다. 제가 해야 할 일은 민주시민으로서의 역할을 다할 수 있는 사회를 만드는 것입니다.

　　　　　　　　　　　　　　　1부 살아있는 민주주의를 위한 청소년의 목소리

# 3

## 좋은 시민이 되는 법 :

### 신념의 횃불을 밝혀라

성석제 작가의 소설 『투명인간』에는 가족들에게 아주 희생적인 인물인 '만수'가 등장합니다. 형제들의 뒷바라지를 마다 않고 동생을 도맡아 키우면서도, 정작 자신의 사회적 지위나 부 따위는 신경 쓰지 않는 그의 존재 덕분에 어려운 환경에서도 만수네 가족은 서로의 끈을 놓지 않고 살아갈 수 있었습니다. 그러나 이제 더 이상 우리 사회에는 만수와 같은 역할을 해줄 사람이 없습니다. 또한 소설 속에서 만수가 의리를 지켰음에도 회사에 배신당하고 빚더미에 내몰린 것처럼, 자기를 희생하기만 하는 착한 사람이 비극적 상황으로 자꾸 몰릴 수밖에 없는 것 역시 현실입니다.

한편, 유럽 유학생들이 직접 겪은 유럽의 정치·사회·복지 이야기를 담은 『다시 태어나면 살고 싶은 나라』를 함께 읽으며 우리는 꿈처럼 여겼던 사회적 배려와 복지, 분위기가 충분히 형성된 국가의 이야기를 발견했습니다. '요람에서 무덤까지'라는 말이 무색하지 않게 유럽에서는 일할 능력과 의지가 있는 사람들에게 일자리를 주고 공공의 이익을 위해 사람들이 양보할 줄 알며 비싼 세금도 이해하는 모습을 보여주었습니다. 이를 악용하는 사람도 분명 있고 국가적 부담도 있겠지만 사회적인 갈등 수치는 낮았고 국민들의 행복 수치는 높았습니다. 우리는 이런 국가의 모습이 어떻게 가능하게 된 것인지 정말 궁금했습니다.

살펴보니 좋은 시민의 존재 여부가 중요하다는 것을 알게 되었습니다. '좋은 인간'이라고 해서 반드시 '좋은 시민'은 아니지만, 좋은 시민은 곧 좋은 인간입니다. 좋은 사람이 주변 사람들에게 친절을 베풀고, 겸손하고 성실하게 살아가는 사람이라면 좋은 시민은 자신의 선한 영향력을 가족, 친구를 넘어 세계적인 범위로 뻗쳐나갈 수 있는 사람입니다. 그러니 삶의 매 순간 진정 좋은 사람이기 위해서는 어떻게 좋은 시민이 될 것인지 먼저 고민해야 합니다.

자살률 1위, 출산율 최하위, 노동조합 활동이 제대로 지지받지 못하는 사회적 환경은 소수의 희생을 당연한 것으로 여기는 우리 사회의 아픈 단면일 것입니다. 이제 우리는 이런 모습에서 벗어나 진정한 시민으로 새로운 사회를 만들어갈 필요가 있습니다. 그렇다면 우리가 살고 싶은 좋은 나라를 만들 수 있는 좋은 시민이 되기 위해서는 어떤 노력들이 필요할까요? 함께 읽은 책들을 바탕으로 좋은 시민이 되기 위한 조건과 방법, 실천에 대해 함께 이야기해보았습니다.

# '문제'를 '문제화'하다

· 성지민(18세) ·

좋은 시민이란 사회에 문제점이 있을 때 그것을 공론화할 수 있는 능력을 가진 사람입니다. 사회가 더 나은 곳으로 변화하기 위해서는 어떤 문제가 생겼을 때 구성원들끼리 얘기를 하고, 다 같이 고민할 수 있어야 한다고 생각합니다. 최근 몇년 동안 세월호 참사에 많은 사람이 관심을 가지고, 이에 대한 각자의 생각을 나누었습니다. 하지만 정확한 정보가 무엇인지 알지 못하다 보니, 편파적인 시각으로 상대방을 헐뜯고 인격모독까지 하는 사람들도 있었습니다. 우리가 만약 일상에서도 주변 사람들과 이 얘기를 하고 생각을 나누었다면 이러한 일들은 줄어들 수도 있다고 생각합니다. 사회가 나아가야 할 방향에 대해 모두가 함께 고민한다면, 한 사람이 생각하고 실현하는 것보다 훨씬 더 나은 곳으로 나아갈 수 있을 것입니다.

· 이승현(18세) ·

제가 생각하는 좋은 시민이란 자신의 길만 달려가는 것이 아니라 잠시 멈춰 주위에 관심을 가지고 둘러볼 줄 아는 사람입니다. 분명 회사에서 열심히 일하는 사람도 시민이긴 하지만 좋은 시민이라 칭하기에는 좀 그렇습니다. 우리 사회에서는 잘 사는 사람들은 잘 사는 대로 못 사는 사람들은 못 사는 대로 정말로 바쁘게 살아갑니다. 숨 쉴 틈도 없이 말이죠. 하지만 잠시 멈춰서 주위를 둘러본다면 자기보다 형편 좋지 못한 사람들의 삶이 보일 수도 있고, 한 사회를 구성하는 사회구성원으로서 자신의 모습을 볼 수 있죠. 그런 과정에 다른 사람의 고통에 무감하거나, 투표권을 제대로 행사하지 않는 등의 사회구성원으로서 의무를 다하지 않는 모습을 발견할 것입니다.

저는 사람들이 공감하는 마음을 완전히 잊었다고 생각하지 않습니다. 자신의 삶에 대한, 일을 내려놓음에 대한 두려움이 존재한다는 것이 더 큰 문제가 아닐까 생각합니다. 시위, 집회를 하시는 분들을 보면 기꺼이 자신의 이익을 잠시 내려놓고 자신이 지키고자 하는 것을 지키기 위해 노력하십니다. (제가 말하는 일을 내려놓는다는 것은 일을 그만두는 것이 아닌 잠시 벗어난다는 얘기입니다.) 이렇게 일에 벗어나 주변에 관심을 가진다면 사회의 불의를 직시하고 바꿔나갈 노력을 할 수도 있고, 다른 사람들의 고통을 듣는다면 손을 내밀지 않을 수 없을 것입니다.

· 이창희(17세) ·

제가 생각하는 좋은 시민은 '질문'을 많이 가지고 있는 시민이에요. 항상 물음을 던지는 시민이 되어야 하는데, 그 물음이 '힘있는 자'들을 당황하게 하고 초조하게 만드는 것이라면 더욱 좋겠죠. 한 개인의 물음도 나쁘지 않지만, 개인이 아닌 '공동체적 물음'으로 이끌어낼 줄 아는 사람이 진정한 시민이라 생각합니다. 질문이 많다는 것은 더욱 알고 싶어 하는 것이고, 그것은 관심이 있다는 거잖아요. 관심이 있을수록 좋은 사회로 나아가지 않을까요? 반대로 궁금한 점이 없고 물음이 없는 자들이 과연 좋은 사회로 나아가는 힘을 가질 수 있을까요?

· 박경민(18세) ·

영국의 명예혁명, 미국의 독립혁명, 프랑스의 대혁명. 세계 3대 시민혁명을 거치면서 시민이란 단순히 '도시의 구성원'이 아닌, '나라의 정치에 참여하는 주권자'라는 뜻을 가지게 됩니다. 그래서 우리는 민주 사람, 민주 국민이 아닌 민주시민이란 용어를 많이 사용하지요. 하지만 요즘은 시민들의 행동이 공동체가 아닌 그저 개인을 위한 것으로 파편화되어 점점 시민의 뜻도 변질되는 것 같습니다. 우리는 좋은 사람, 좋은 개인이 되라는 가르침은 많이 받아왔지만 좋은 시민이 되기 위한 방법은 많이 배우지 못했습니다. 좋은 시민이란 '시민'이란 단어가 가진 뜻대로 나라의 일에 주도적으로 참여하는 사람이라고 생각합니다. 내가 살기 바빠서 우리 공동체, 우리나라에 무슨 일이 일어나는지, 어떤 정책이 시행되고 있는지에 무관심한 사람은 좋은 시민이라 할 수 없습니다.

뿐만 아니라, 내 옆의 사람들, 즉 대한민국의 같은 시민들이 어떤 일을 당하고 어떤 고통을 받고 있는지에 대한 관심을 가지는 사람이 좋은 시민입니다. 예를 들어 우리가 미국과 자유무역협정을 체결했을 때 우리나라 농부들의 생활에 지장이 생긴다면, 그것은 같은 시민들이 나서서 막아야 하는 일입니다. 억울하게 자식을 잃은 부모들이 원인을 밝혀달라며 통곡하고 있을 때, 같은 시민들이 그들에 도움을 주고 정부에 진상규명을 위한 요구를 해야 합니다. '나'의 이익이 아닌 '공동체'의 이익을 실현시키려 노력하는 사람이 좋은 사람, 좋은 시민이 될 수 있는 것 아닐까요?

## 깨어 있는 삶

· 김은비(17세) ·

좋은 시민으로 살아가는 것, 많은 사람들이 함께 살아가는 사회의 좋은 구성원이 되는 일은 어떻게 보자면 너무 간단해보이기도 합니다. 우리가 이미 그 답을 알고 있기 때문에 그런 것일지도 몰라요. 식상하게 들릴지도 모르지만, 제가 생각하는 좋은 시민이 되기 위한 가장 중요한 실천은 나의 이익을 내려놓고 공공의 이익을 먼저 생각하는 자세입니다. 쉬워 보이기도 하지만 정작 행동으로 옮기기는 무척 힘든 일입니다. 사실 저도 이렇게 말하면서도 실천하지 못했습니다. 아직 사회에 나가지 않았기에 조금 범위를 좁혀서 학교의 좋은 '구성원'으로 생각해볼게요. 얼마 전, 저희 학교는 깨끗한 화장실을 만들기 위해서 공사를 진행했습니다. 화장실이 저희 반 앞에 있었는데 저는 수업할 때 시끄러운 소리가 들리고, 화장실을 사용하기 위해 더 먼 곳으로 돌아가야 한다는 사실이 아주 불편해서 짜증을 냈습니다. 깨끗한 화장실이 생긴다는 것은 더 많은 아이들에게 좋은 일임을 알고 있었음에도 말입니다. 제가 반에서 '좋은 아이'였거나 '좋은 인간'이었을지라도 시끄럽다는 이유로 화를 낸 저는 좋은 구성원은 아니었습니다. 작은 공동체인 학교에서도 이런 일이 생기는 것처럼 시민사회에서 또한 수많은 갈등이 있을 것입니다. 여러 가지 갈등 상황에서 언제나 '나의' 이익만을 주장하지 않는 것이 좋은 시민이 되는 가장 큰 조건이자 실천이 아닐까 싶습니다.

· 한희주(18세) ·

인간은 다른 동물과 달리 고도의 지능을 소유하고 독특한 삶을 영위하는 고등동물이라고 사전에 명시되어 있습니다. 시민은 시에 사는 사람으로서 민주 사회의 구성원으로 권력 창출의 주체로 권리와 의무를 가지고, 자발적이고 공공정책 결정에 참여하는 사람이라고 합니다. 그러나 문명의 이기를 누리며 나날이 급속도로 발전하는 곳에서 우리는 그 의미대로 살아가지 않는 스스로의 모습을 발견할 수 있습니다.

저는 이것을 '공동체의 상실'이라고 생각합니다. 저는 아파트에 사는데 아는 사람이라곤 앞집과 할머니 한 분 정도입니다. 그것도 친한 것이 아니라 인사를 가끔 하는 정도입니다. 이렇게 가까이 사는 이웃들과도 만나지 않는데 과연 사람들은 우리 사회, 혹은 우리 아파트를 개선하는 일에 적극적으로 참여할까요? 아마 대부분의 주민들은 "놔두면 관리사무소에서 알아서 해주겠지"라고 생각하며 가만히 있을 것입니다. 우리는 이러한 개인주의 현상을 조금씩 바꿔 나가야 합니다. 하지만 이미 흩어져버린 우리 사회를 공동체를 형성하고 뭉치는 사회로 만드는 것은 하루 이틀 내에 되는 것이 아닙니다. 저는 바로 이런 문제들을 풀어가면서 우리가 '시민'이 될 수 있다고 생각합니다. 그렇기에 시민이 되기 위해서는 먼저 열린 마음으로 문제를 받아들이며 자발적으로 문제 해결에 참여해야 합니다.

예를 들어 얼마 전 저희 아파트 화단의 나무가 쓰러졌습니다. 귀퉁이만 남겨진 나무를 보니 휑하고 지저분해 보여서 깔끔하게 정리하고 그곳에 꽃을 심는 등 좀 밝게 바꾸고 싶었습니다. 하지만 관리사무소에 말을 하려고 해도 갈 때 마다 문이 닫혀 있어서 말조차 꺼내지 못했습니다. 하지만 제 주변 환경에 신경을 쓰니 안 보이던 것이 보였고, '왜 이곳에 사는 많은 주민들은 이렇게 방치해두었는가'라는 생각들이 저를 행동하게끔 했습니다. 이렇게 하나 둘 주변에 관심을 가지고 문제를 해결해갈 때 좋은 시민이 되는 것이 아닐까요?

· 최지윤(17세) ·

어른들이 자주 하는 말이 "우리나라는 이미 썩었어. 다 갈아엎어 치우지 않는 한 달라질 건 없어"입니다. 그렇지만 그런다고 해서 이런 불평불만을 늘어놓는 사람들이 무언가를 바꾸려 대안을 내놓는다거나 투표라도 열심히 한다거나 시위를 한다거나 변화를 위해 하는 노력들은 잘 보이지 않습니다. 이렇게 불평을 하면서도 변화를 위해 노력하지 않는 이유는 무엇일까요? 저는 그것이 이미 포기해버렸기 때문이라고 생각합니다. 이미 우리나라의 정치 같은 부분이 많이 망가졌고 우리가 뭘 하려고 해봤자 국가는 들은 척도 하지 않고 또 자기 멋대로 하리라는 것을 경험해왔기 때문입니다. 우리의 국가에 대한 신뢰는 이미 많이 망가져버렸다는 의미입니다.

『다시 태어나면 살고 싶은 나라』에서 소개하는 복지국가 스웨덴의 부제는 '상식이 통하는 나라'입니다.

세금의 운용을 신뢰하지 못하는 국민에게 무작정 더 많이 세금을 내야 한다는 말은 큰 불신만 안겨줄 것이고, 그런 국민을 달랠 수 없다면 국가가 불신을 주지 않는 사회로 먼저 거듭나면 되는 것이다.
- 정치경영연구소, 『다시 태어나면 살고 싶은 나라』 중에서

스웨덴이 세금인상에도 우호적인 이유는 낸 세금이 제대로 된 복지를 통해 자신에게 다시 돌아온다는 것을 오랫동안 겪으며 신뢰가 형성되었기 때문입니다. 하지만 여러 비리들을 겪어온 우리나라 사람들에겐 그런 신뢰가 없습니다. 그렇기 때문에 변화도 어렵습니다. 일을 맡길 사람들을

믿을 수 없으니까요. 결국 신뢰를 주기 위해서는 스웨덴처럼 '상식이 통하는 나라'가 돼야 합니다.

예를 들어 세월호 참사의 경우에도, 사고는 언제든 일어날 수 있지만, 그에 대한 대응이나 그 이전의 검사 등이 상식적인 수준으로 이뤄졌다면 이렇게 많은 사람들이 죽었을까요? 다른 일상생활에서도 강한 사람이 약한 사람을 도와주고, 부유한 사람이 가난한 사람에게 나누고, 교통신호는 지키며, 비리를 저지르지 않는 간단한 상식들, 또 쓰레기는 휴지통에 버리고 에너지와 물은 아껴 쓰는 당연한 것들을 지켜야 할 것입니다. 우리 사회에 이런 상식만 통해도 더욱더 살기 좋은 나라가 되지 않을까요?

## '시민의식'을 가르치는 학교

· 최지윤(18세) ·

우리나라의 청소년들은 학교에 입학하는 그 순간부터 나의 미래를 그려보고 그때의 나를 준비하기보다는 미래의 직업을 가지기 위한 대학, 그리고 그 대학을 위한 공부와 시험만을 바라보고 삽니다. 그런 아이들이 행복할 리도 없고 자라나서 사회의 많은 문제를 같이 해결하고 힘과 목소리를 낼 수 있을지도 의문입니다. 자기 앞의 문제에만 벅차하다가 겨우겨우 사회에 첫발을 내디뎠지만 틀에서 벗어나 갑자기 혼자 모든 것을 책임지고 짊어지려니 한없이 초라하고 무력해집니다. 결국 우리의 교육은 아이들을 가둬놓고 무력하게만 만들다가 나이가 차면 방사해버리는 무책임한 교육인 것입니다.

하지만 오래전부터 계속되었던 이런 교육 체제는 단 한 번도 바뀌려는

우리나라는 학교에서 사회의 행복이나 올바른 사회를 위해 우리가
어떻게 행동해야 하는지 가르치지 않습니다.

기미가 보이지 않습니다. 기성세대부터 현세대, 그리고 다음 세대까지 늘 이어져 오는 교육 체제의 문제를 누구나 알고 있지만 "어쩔 수 없지. 일단 이 안에서 살아남아야지"라는 생각뿐이라는 것입니다. 그건 솔직히 저도 마찬가지입니다. 지금 당장 우리가 할 수 있는 건 아무것도 없다고 생각하는 무기력 상태가 결국은 이런 질 나쁜 교육을 정착시키고 안 좋은 의미의 '소리 없는 질서'를 만들어버린 것입니다. 지금 우리는 그 소리 없는 질서 속에서 변화를 위한 목소리를 내려고도 하지 않습니다. 지금 나도 겪었는데 다음 세대에서 바뀐다고 괜히 억울해하는 이상한 이기심 또한 한 몫하고 있다고 생각합니다. 내 차례는 끝났으니까 나는 상관없는 사람이고 이제 바뀌든 말든 이대로도 괜찮다고 생각하는 사람도 너무나 많습니다. 이런 것도 일종의 무책임한 시민의 모습입니다. 이런 무력감과 무책임함에 빠져서 우리는 스스로 틀에 갇혀 있는 것입니다. 이제는 조금 더 생각하고 변화를 바라면서 의식적으로라도 이런 문제들을 상기시키고 나의 문제로 고민해봐야 할 때입니다. 우리도 사람답게 조금 더 행복하게 살 수 있습니다. 남의 문제도, 내 차례로 끝날 문제도 아닙니다.

· 권윤지(16세) ·

교육의 목적은 학생들의 내면에 있는 재능을 끄집어내어 그것을 스스로 가꾸게 해주는 것입니다. 물론 지식과 정보를 주입하는 것도 중요하지만 그것은 밥상에 앉아서 스스로 밥을 먹는 것이 아니라 누군가가 떠먹여 주는 것입니다. 스스로 자신의 재능과 장점을 발견하여 자신을 사랑하는 마음을 가지게 하는 것이 가장 중요합니다. 이것이 바로 삶을 살아가는 데에 밑바탕이 됩니다. 그리고 그 능력을 자신에게만 쓰는 것이 아니라 남을 위해, 특별히 사회적으로 소외되고 힘이 없는 사람들을 위해 사용하고 베푸는 것이 궁극적인 목적이 되어야 합니다. 지구에는 부자도 있고, 천재도 있고, 정치인도 있는 반면, 거지도 있고, 바보도 있고, 하루 벌어 하루 먹고 사는 사람도 있습니다. 신이 이렇게 다양한 사람들을 만든 이유는 서로를 돕고 나누며 살아가게 하기 위해서라고 생각합니다. 이러한 노력이 진정한 행복을 가져다주며 평화로운 세상을 만들어 갈 것입니다.

· 홍예길(15세) ·

노르웨이의 아이들 앞에 저는 왠지 늙고 병든 사람이 된 것 같았습니다. 노르웨이 아이들이 자연을 놀이터 삼아 놀고 있는 모습을 보았기 때문입니다. 그들은 자연과 함께하며 그것의 이치와 경이로움을 경험하고 있었습니다. 아이들의 표정에서 느껴지는 싱그러움과 즐거움은 자연과 함께하는 교육이 한국 아이들에게 얼마나 필요한지 알려줍니다. 그들은 자연을 통해 경험하고 사회성을 익힙니다. 스스로 배우고 경험하는 과정을 통해 자연스럽게 주변 환경에 적응합니다.

이 모든 과정을 아이들이 스스로 거칠 수 있도록 어른들은 기다려줍니다. 스스로 하는 것이 얼마나 중요한 것인지 알기 때문입니다. 항상 여유를 가지고 기다려주며 뭐든지 스스로 할 수 있는 능력을 이끌어냅니다. 어른들의 시각에서 진심으로 아이들이 성공하길 원한다면 그 성공을 도와주면 안 됩니다. 아이들의 일에 끼어들거나 참견하지 않고 그대로 내버려두는 노르웨이 어른들의 태도가 자녀의 일은 뭐든지 다 해주려는 어떤 나라의 어른들에게 스스로 해나가는 과정의 중요성을 깨닫게 해주었으면 좋겠습니다.

우리가 생각하는 이상적인 교육은 대체 무엇인가요? 그동안 철학적 반성은 소홀히 한 채 선진국 같은 행세만 하며 그 속의 교육 현실에 대한 개혁을 한 번이라도 꿈꿔왔는지 철저하게 반성해야 합니다.

· 최지윤(18세) ·

우리나라는 학교에서 사회 전체의 행복을 위해 우리가 어떻게 행동해야 하는지 가르치지 않습니다. 노르웨이에서는 학교를 학생들이 사회 연습을 하는 곳이라고 합니다. 어릴 때부터 사회를 보는 눈과 사회성을 기르는 것을 아주 중요하게 생각한다고 하는데요. 그에 반해 우리나라의 학교는 주요과목 공부와 입시 공부에 바빠서 정작 내가 살아가야 할 사회에 대한 공부는 하지 못하고 있습니다.

제가 생각하기에도 학교는 수업만 받는 곳이 아닙니다. 아이는 학교를 처음 들어가면서부터 사회성을 기르게 되고 그곳에서 아직까지 보지 못했던 많은 세계를 보게 됩니다. 또한 고등학생 정도가 되면 성인이 되기 전 더욱더 성숙한 사회의 구성원이 될 준비를 할 수 있어야 하는 곳이 바로 학교입니다. 그렇지만 우리나라 고등학생들은 그런 것에 신경 쓸 시간이 없어 보입니다. 실제로 학교 화학 선생님께서는 수업 도중 조금 정치적이고 사회적인 이야기가 나왔을 때 학생들이 한마디씩 하자, "아직 너희는 생각할 수 있을 정도로 나이가 있지 않고, 잘 모르기 때문에 그런 것은 나중에 어른이 되고 다 커서 생각해도 될 문제다. 너희가 지금 여기서 잘 알지도 못하고 이렇다저렇다 말을 하는 것은 잘못된 거라고 생각한다"고 말씀하셨습니다. 저는 이 말을 듣고 너무나 충격을 받았습니다.

학교에 갇혀서 짜인 시간표대로, 하라는 대로 공부만 하는 우리나라고등학생들은 졸업을 하자마자 모든 것을 혼자 책임져야 합니다. 대학 입시부터 대학 생활, 취업, 스펙 쌓기, 알바 등 갑자기 사회의 모든 일을 스스로 계획해야 하고 사회 속으로 던져지는 느낌으로 첫발을 내딛게 됩니다. 이런 여유 없고 갑작스러운 상황에서 '정의롭고 올바른 사회를 만들려면 어떻게 해야 할까', '올바른 시민의식을 가지려면 어떻게 해야 할까'를 생각하기란 현실적으로 어렵습니다. 자신의 역할에 대해 제대로 배운 적 없는 사람이 사회 구성원으로 사회를 꾸려 가는데 사회가 제대로 돌아갈 리가 없습니다. 이것은 어렸을 때부터 사회를 직시하고, 옳고 그름을 정확히 판단하고, 그것에 대해 시민으로서 소신을 가지는 과정을 연습하고 배워야 가능할 것입니다.

## 모두에게 이로운 삶을 꿈꾸다

· 김기환(17세) ·

좋은 시민이란 남의 배려에 감사하고 또한 그것을 악용하지 않는 시민입니다. 그러한 부분을 가장 잘 느꼈던 것은 구급차가 지나가자, 모든 차량들이 모세의 기적을 일으키듯 갓길로 비켜주는 영상을 보았을 때입니다. 그 운전자들은 구급차 소리를 무시하고 더 빨리 갈 수 있었지만, 구급차에 탄 환자를 배려함으로써 생명을 살려준 대단히 큰일을 했다고 생각합니다. 직접 말로는 전하지 못하였겠지만, 환자는 배려해준 사람들에게 얼마나 감사할까요.

또 중요한 것은 상대방의 배려를 악용하지 않는 문화와 상호간의 신뢰입니다. 저 또한 그런 경험을 한 적이 있습니다. 여름날이었습니다. 한 할

머니께서 저를 부르시며 버스비를 빌려달라고 하셨습니다. 지갑에는 돈이 정말 없었고, 저는 없다고 했지만, 그 할머니는 제 지갑을 확인하고 나서야 길을 가셨습니다. 그리고 길을 걸으면서 많은 생각이 들었습니다. 이것은 나의 잘못인가 아니면 그 할머니의 잘못인가. 짐을 들어달라 하는 부탁이라면 들어줄 수 있지만 자선이 아니고서야 금전적인 부분이 필요하다면 배려라고 할 수 있는 걸까 하는 많은 생각에 혼란이 왔습니다. 배려의 마음을 악용하는 행위는 없어지고, 타인을 진심으로 배려할 줄 아는 많은 시민이 생긴다면 그것이 바로 좋은 시민이 아닐까 생각합니다.

· 김수현(18세) ·

제가 생각하는 좋은 시민이란 용기 있고 자신의 의견을 행동으로 표현할 줄 아는 사람입니다. 우리 사회에서 변화가 일어날 때는 항상 용기 있는 누군가가 먼저 나서서 변화를 주도하고 이끌어냈습니다. 한 사람이 그렇게 나서주면 그걸 보고 있던 다른 사람들도 하나둘씩 따라서 변화에 동참하기 시작하고 결국은 변화한 사회를 만들어냈죠. 하지만 지금의 사람들은 자신 안의 용기를 숨기고 누군가가 나서주기를 바라고만 있습니다. 자신의 안위를 버리지 못하고 숨어서 불만만을 늘어놓습니다. 그렇게 해서는 무엇도 바뀌지 않는다는 사실을 알면서도 말이죠. 사람들은 자신이 걸어 다니는 길가가 쓰레기도 많고 더럽다고 불평만 잔뜩 뱉습니다. 정작 길을 치워 깨끗하고 모두가 편안하게 다닐 수 있는 길을 만들 생각은 하지 않죠. 자신의 손이 더러워지니까요. 하지만 누군가가 길에 있는 쓰레기를 하나둘씩 주워 큰 주머니 안에 넣는다고 생각해봅시다. 그럼 주변에 있던 사람들도 쓰레기를 주워 그 주머니 안에 넣어줄 겁니다. 그걸 본

다른 사람들은 적어도 쓰레기를 더 이상 길에 버리지는 않겠죠. 이렇게 나 하나의 작은 용기가, 작은 실천이 점점 큰 변화를 이끌어 올 것입니다. 먼저 나설 수 있다는 것은 부끄러운 일이 아닙니다. 자신의 용기를 행동으로 표현할 수 있다는 적극적인 모습이죠. 자신의 불만과 바뀌어야겠다는 생각을 행동으로 표현할 수 있는 사람. 그런 사람이 이 도시를 변화시킬 수 있는 좋은 시민이 아닐까요?

· 김상원(22세) ·

저는 좋은 시민이란 적극적인 삶의 태도를 갖고 있는 시민이라고 생각합니다. 예를 들어 좋은 복지 시스템이 갖춰져 있다고 하더라도 그것만 믿고 일하려 하지 않거나 부정한 방법을 통해 이득을 계속 얻는다면, 사회 전체의 불신을 만드는 일이 될 것입니다. 이는 곧 좋은 시스템에 대한 불만을 만들어내고 정말 도움이 필요한 이들에게 어려움을 줍니다. 스스로의 힘으로 할 수 있는 일들을 해나가는 보람을 알고 각자의 위치에서 최선을 다할 때 좋은 시스템들도 순기능을 할 수 있을 거라고 생각합니다.

그렇다면 무엇보다 공공의 영역에서부터 삶의 사소한 부분에까지 열정적이고 정직한 태도를 가져야 합니다. 일이 단순히 돈을 버는 목적이 아닐 때에 물리적 지원이 아무리 튼튼하더라도 사회 속에서 스스로 역할을 해내고 싶다는 열망이 생길 것입니다. 『다시 태어나면 살고 싶은 나라』라는 책을 보면 독일에서는 실업수당을 통해 평생 일하지 않고도 맥주도 마시며 살 수 있다고 합니다. 이런 사람들을 방지하기 위해 고충을 듣고 조건을 구체적으로 개선해주며 고용청의 요구에 응하도록 이끄는 정책을 실행하고 있지만 한창 진로를 선택하고 직장생활을 시작해야 할 젊은이들이 장래에 대한 고민 없이 일단 실업수당을 받아 생활을 유지하는 일이 흔하다고 합니다.

결국 아무리 좋은 복지 시스템이라도 나쁜 마음을 가지고 악용하면 사회에 독처럼 작용하고 만다는 것을 알 수 있습니다. 그런데 지금 우리 사회의 청소년들은 독일처럼 안정된 수당이 있는 것도 아닌데 일단 공부하고 일단 졸업하는 일이 너무 흔합니다. 좋은 직장에서 일하고 싶다는 생각은 있지만 아마도 열정을 다해 하고 싶은 일도, 내가 평생을 통해 추구하고 싶은 목적도 찾기 어렵기 때문이 아닐까요? 요새는 학교에서도 직업교육이나 진로상담 같은 것들을 진행하지만 솔직히 어느 정도 현실성이 있는지 느끼기 어렵습니다. 이전에 제가 받았던 적성 검사에서는 저에게 낙농업이 가장 적합하다고 했을 정도니까요! 오히려 삶에 대한 열망은 이런 검사나 말뿐인 체험보다도 사소한 것이라도 스스로 이루어내고 성취해내는 기쁨에서 시작할 수 있다고 생각합니다.

· 윤시운(18세) ·

저는 평소 우리나라에 큰 불만이 없었지만 『다시 태어나면 살고 싶은 나라』를 읽으며 우리나라가 '모두가 행복할 수 있는 나라는 아니다'라는 생각이 들었습니다. 왜냐하면 평소에 저는 몇 살에 결혼을 하고 아이를 낳는 것이 좋을까 고민을 자주 하는데, 하고 싶은 일을 찾아 멋진 커리어우먼이 되고 싶지만 한편으로는 젊고 힘 있는 엄마가 되고 싶기도 한 저의 마음과 달리, 우리나라에서는 일을 하면서 육아를 한다는 것은 거의 불가능한 것이기 때문입니다.

그래서 다른 나라는 어떨까 궁금했는데 제도 자체로는 별반 다른 것은 없었습니다. 오히려 휴직 가능 일수는 우리나라가 더 많았습니다. 그렇다면 왜 우리나라 부모님들은 육아휴직을 활용하지 못하는 걸까요? 스웨덴과 한국을 비교해보면 우선 급여의 문제가 있습니다. 한국은 휴직 중 급여가 통상임금의 40%밖에 되지 않고, 거기다 금액의 15%는 직장 복귀 후에 지급한다고 합니다. 아이를 키우려면 평소에 필요한 생활비보다 훨씬 많은 돈이 필요할 텐데 오히려 수입이 줄어든다면 생활하는 데 지장이 있을 것입니다. 게다가 상사의 눈치와 복직했을 때 휴직을 하기 전과 똑같은 대우를 받을 수 있는지에 대한 불안함도 있습니다. 반면 스웨덴의 경우는 육아휴직 중 급여가 기존 임금의 80%나 되고 육아휴직에 대한 사회적 분위기가 잘 안착되어 있습니다.

그렇다면 우리 사회를 개선시키기 위해 우리가 할 수 있는 일은 뭘까요? 다수에게 좋은 정치가 가능하려면 국민들이 정치에 많은 관심을 쏟고 참여해야 합니다. 이제까지 저는 저 스스로를 아직 어리고 힘없는 고등학생일 뿐이라고 생각했지만 이제는 더 좋은 세상에 대한 꿈이 있는 좋은 시민이 되고 싶습니다. 좋은 시민에 대한 친구들의 생각에 모두 공감이 갑니다. 하지만 좋은 세상에 대한 기대와 꿈을 가지고 있다는 전제하에서만 그런 생각과 의지를 가지고 실천을 할 수 있다고 생각했습니다. 좋은 사회에 대한 소망이 있기에 나의 마음을 남에게 쓰는 것을 아까워하지 않고, 내가 보탬이 되기 위해 노력할 수 있다고 생각합니다. 우리가 이렇게 좋은 시민은 무엇일까 토론하고 더 많은 것을 약속하고, 지키려고 노력하는 것도 우리가 좋은 사회를 꿈꾸는 사람이기 때문이라고 생각합니다.

# 실천하는 시민, 변화하는 삶

· 권지현(17세) ·

저는 중학교 1학년 때 '굿네이버스'라는 국제구호개발 비영리단체를 통해 학교 전체 학생들과 함께 작은 손길을 보낸 적이 있습니다. 아프리카 르완다에 거주하는 소년 '자말'에게 쓴 희망의 편지와 함께 우유갑에 오천 원과 동전 몇 백 원을 넣어 보냈습니다. 거창한 봉사는 아니었습니다. 하지만 불행한 환경의 누군가에게 실제로 손을 내밀었던 첫 경험이라 아주 잘 기억하고 있습니다.

당시 제 기억을 꺼내보면 자원하는 봉사를 숙제라고 강요하는 분위기에 휩쓸리며 참여했던 것 같습니다. 그러나 그 아이의 동영상을 보고 편지를 쓰는 과정에서 '굿네이버스'에서 실시하는 '희망의 편지쓰기대회'의 나눔의 참가치를 깨달았습니다. 어떤 동기나 마음가짐이든, 좋은 목적을 가진 일이라면 한번 해보는 것이 얼마나 중요한지를 느끼게 되었습니다. 과정을 통해 배울 수 있는 것도 분명히 크기 때문입니다.

비록 얼떨결에 학교에서 모든 친구들에게 숙제로 내주어 어린 마음에 실행한 작은 봉사였지만 그 이후로 비영리단체에 매달 3만 원씩 후원하게 되었습니다. 그때 그 마음으로 작년에는 직접 인도로 2주 동안 봉사하러 갔었습니다. 그리고 그런 실천을 하면서 건강한 세계시민이 되기 위해서는 조건이 붙어야지 무엇인가를 실행하는 사람이 아닌 자발적으로 전 세계를 둘러보는 시야를 가져야겠다고 생각했습니다.

· 노태경(17세) ·

저는 친구의 지목으로 루게릭병 환자들을 위한 '아이스 버킷 챌린지'를 한 적이 있습니다. 아이스 버킷 챌린지는 근육이 수축하는 병인 루게릭병을 앓고 있는 환자들의 고통을 함께 느껴보는 취지의 운동으로, 찬물을 맞으며 순간적인 고통이 루게릭병의 것과 비슷하다는 점에 착안한 캠페인입니다. 캠페인들을 통해서 저는 루게릭병이 무엇인지 조금 더 자세히 알게 되었고 지금부터는 이 사실을 우리가 잊어버리지 않고 계속해서 상기해서 많은 사람들에게 도움을 주어야겠다고 생각했습니다.

그런데 어느 순간부터 아이스 버킷 챌린지의 의미가 바뀌기 시작했습니다. 루게릭병 환자들을 위하여 시작된 캠페인인데, 연예인들의 이미지를 위한 수단이 되기도 하였고 그냥 일반인들 사이에 장난으로 치부되는 캠페인이 되기 시작했습니다. 이렇게 점차 변질되어가는 캠페인의 의미를 보면서 안타까움을 느꼈습니다. 나중에는 이 캠페인을 하면 주변 사람들이 냉담한 반응을 보이기도 했습니다. 캠페인은 그 원래의 목적이 있는 것이고 이것이 퇴색되면 더 이상 캠페인이 발휘하는 좋은 힘을 사용할 수 없게 됩니다. 이것이 저를 조금은 불편하게 또 조금은 슬프게 했고 우리가 캠페인을 할 때는 장난처럼 하는 것이 아니라 진심을 가지고 온 마음을 담아서 해야 한다는 생각이 들었습니다.

이 지점에서 제가 아쉬운 것은 제 목소리를 그렇게 크게 내지 못했다는 점입니다. 무언가가 잘못되고 있으면 그것이 잘못되었다고, 고쳐야 한다고 얘기해야 하는데 그렇지 못하고 그저 속으로만 생각했습니다. 이번 경험을 통해 다양한 일에 관심을 갖게 된 좋은 점도 있었지만 제가 고쳐야 할 점도 찾았습니다. 다음에 이러한 사회적 참여의 기회가 생긴다면 더 적극적으로 목소리를 내도록 노력할 것입니다. 그리고 다음에는 더 많은 친구들이 참여하도록 하여 청소년 또한 할 수 있다는 생각을 친구들에게 심어주고 싶습니다.

· 김은비(17세) ·

루게릭병 환자들을 위한 캠페인인 아이스 버킷 챌린지가 한창 유행처럼 번질 때, 저도 그 운동에 참가하였습니다. 또 세월호 특별법 제정과 관련해서 유가족 분들에게 조금이나 도움이 되겠다는 마음에 24시간 단식을 함께하기도 했습니다.

그런데 솔직하게 말하자면, 부끄럽지만 아이스 버킷 챌린지의 경우에는 정말 루게릭병 환자들을 돕겠다는 마음 아래 참여했던 것은 아니었던 것 같습니다. 물론 환자분들을 위한 마음이 없었던 것은 아니었습니다. 하지만 사람들이 저를 지목했고, 청소년인 제가 쉽게 참여할 수 있는 사회적 운동이 있다는 사실 자체가 의미 있어서 함께했습니다. 그것이 아쉬운 부분이기도 합니다. 하지만 세월호 특별법을 위한 단식은 온전히 저의 자발적인 참여로 이루어졌습니다. 많은 매체를 통해 특별법 제정을 위해 노력하시는 유가족들의 모습을 접했습니다. 그 분들의 모습을 보며 비록 제가 하루 동안 밥을 먹지 않는다고 해서 직접적인 도움이 되는 것은 아니지만 최소한 그 고통에 공감할 수 있지는 않을까, 라는 생각이 들었습니다. 또한 제가 단식을 함으로써 이 문제들이 제 주위의 많은 사람들에게 알려져야 한다는 책임감도 있었습니다.

아이스 버킷 챌린지를 할 때, 주위 사람들의 반응은 모두 '대단하다'는 것이었습니다. 부모님도 도와주셨고 SNS에 올려놓은 동영상에 많은 사람들이 응원의 댓글을 달아주셨습니다. 하지만 특별법 제정을 위한 단식에는 약간의 불편함이 존재했습니다. 단식을 하겠다고 할 때 주위의 많은 친구들은 '그거 왜 하는 거야?'는 물음을 제게 던졌습니다. 저는 이유를 충분히 설명했고 대부분의 아이들은 응원을 보냈지만 분명 그중에는 불편한 시선 또한 존재했습니다. 찬반이 나눠진 문제였고 청소년들이 아직까지 다가가기에는 너무 이르다고 느껴지곤 하는 '정치'의 문제이기에 그랬을 것입니다. 저 또한 아이스 버킷 챌린지를 할 때처럼 당당하지 못했습니다. 엄마, 아빠에게도 단식을 한다고 말씀드리지 못했고 함께했던 친구들과 약속했던 후기 또한 올리지 못했습니다.

저는 단식을 할 때 제가 느꼈던 그 불편함이 지금까지 부끄럽습니다. 저는 왜 당당하지 못했을까요? 아마 주변 사람들의 시선이 두려워서 그랬던 것 같습니다. 다음부터 저에게 이러한 기회가 온다면 조금 더 큰 소리를 내고 싶습니다. 그래도 저의 참여로 주위에 있는 많은 친구들이 단순히 세월호뿐만 아니라 여러 사회적 이슈에 관심을 가질 수 있었기 때문에, 조금의 변화를 만들지 않았나 하는 생각도 듭니다. 태어나서 '처음'이라고도 말할 수 있었던 자발적인 사회참여였습니다. 앞으로는 청소년들이, 또 많은 사람들이 참여할 수 있는 사회적 운동이 많아졌으면 합니다.

# 4.

# 윤리의 정치화와
# 시민의 탄생

· 인디고 연구소(InK) ·

## 정치적이면 안 되는 세상

우리 사회에서 '정치적'이라는 말은 상당히 위험하게 들린다. 하다못
해 동아리 공간을 빌릴 때도 정치적인 성격의 모임은 안 된다고 못 박
을 정도다. 미국의 역사학자 하워드 진도 그의 책 『하워드 진, 교육을
말하다』에서 "정치에 대한 생각을 드러내는 행위는 교육에서 피할 수
없는 일이다. 그것은 솔직하게 표현될 수도 있지만 교묘하게 이루어질
수도 있다"고 말했으니, 정치적 발언이 조심스러운 것이 다만 한국의
일만은 아닌 것 같다. 하지만 정치적으로 중립적 태도를 지니기를 강
조하는 교육자뿐만 아니라 거의 전 국민이 '정치적'이라는 말을 부정
적으로 받아들이는 한국 사회의 정치에 대한 인식에 문제가 있는 것

은 분명하다.

사회에서 일하고 관계를 맺고 살아가는 한 우리에게 '나의 일이 아닌 것'은 없다. 내가 분명히 영향을 주고 있으며 나 역시 누군가에게 끝없이 영향을 받고 있는 상태이다. 때문에 정치에 대한 이해는 더욱 중요하다. 그런데 우리는 대부분의 공공 사안에 무관심으로 일관하는 것에 익숙하다. 결정권을 갖고 있지 않을뿐더러 의견을 자유롭게 얘기하는 연습조차 부족하다. 정치적 사안에 대해 토론하고 고민하는 교육은 전무한 상황이다. 시사적 논의는 순수한 학문이라고 여기지 않는 까닭일까? 때문에 우리의 삶을 결정하는 수많은 문제에 대해서도 보통은 한 발짝쯤 떨어진 곳에서 응시하는 태도로 대하는 것이다. 물론 의사를 표현할 수 있는 통로가 많지 않다는 문제도 크다.

이러한 탓에 수많은 공공 영역은 사적 이익을 향하고 있는 경우가 많다. 몇몇 공무원이 해외여행을 '연수'라는 이름으로 다녀와도 용인되고, 성과가 뚜렷하게 없는 일일지라도 공기관이라는 이유로 끝없는 재정적 지원이 이루어지기도 한다. 이를 참지 못한 개인들이 나서서 공익 사업을 펼치는 경우도 많은데, 문제는 그것들은 '사적 영역'에서 벌이는 일이라 제아무리 성격이 공익성이라 할지라도 박수만 받을 뿐 지속을 위한 지원을 받기는 어렵다는 점이다. 이 문제를 공적 영역의 공공성 강화와 더불어 민간 영역에서 공적 활동을 지원할 수 있는 제도적 방향으로 고민해야 할 텐데, 우리 사회는 '민영화'와 같이 공공의 영역을 축소시키는 것을 답이라 말한다. 그야말로 구더기 무서워 장 못 담그는 형국이다.

정치가 우리 삶의 영역임을 분명히 인식한다면 설사 결정권이 없고 의지와 다른 상황들이 계속해서 벌어진다고 할지라도 삶의 변화는 가능하다. 밥 먹으면서, 길을 걸으면서, 쉬는 시간에 친구나 가족, 동료들과 자유롭게 공동의 문제들에 대해 의견을 교환하는 문화를 가질 수 있다. 그것은 국가적인 사안이 아니어도 우리가 공유하고 있는 여러 실질적 문제에 대한 논의이며, 화제에 오를수록 안건에 대한 관심은 높아질 것이다.

우리 사회에서 정치는 언제까지 논의해서는 안 되는 영역이어야 할까? 일상적인 연습이 되지 않으면 관심이 멀어지고 그럴수록 우리가 알 수 있는 정보나 표현의 수단도 적어질 수밖에 없다. 한편으로는 우리의 정당한 민주적 권리를 실행하는 것조차 어려움을 겪게 되는 경우가 생길 수 있다. 비록 정치에 대한 반발과 두려움이 우리 사회에서는 이념이나 세대론과 깊게 연관되어 위험해 보이기는 하지만 그럼에도 이것은 특정한 사람들의 특정한 이야기가 아니라 우리 전체를 아우르는 삶에 관한 이야기임을 잊지 않아야 할 것이다.

## 국가란 무엇인가? — 보편으로서 국가

독일의 정치철학자인 카를 슈미트는 『정치적인 것의 개념』에서 정치를 말하기 전에 먼저 '국가' 존립의 의미부터 설명한다. 다양한 개인들이 결정력을 갖고 있으며 그 집단적인 상태를 포괄하는 절대구조의 형태가 가능할 때 그 '정치적인 것'이 발생하며, 그것이 국가 정체성의 기본이라는 것이다. 굳이 '정치'라고 표현하지 않은 이유는, '정치적인 것'이 사회현상들이 특정한 제도적 장치에 묶여 있지 않고 편재하는 장으로서의 현상 자체를 의미하기 때문이라 한다.

그러므로 국가라고 일컫는 구조는 매우 견고해야 하며 주체적으로 독립할 수 있는 역량을 지니는 공동체여야 한다. 중국 학자 왕후이는 1960년대까지 정당의 이념 갈등이 뚜렷하고 활발했던 때에도 그 기반은 국가였음을 주목한다. 즉, 정치와 국가는 완전히 다른 것이고, 국가는 보편의 다른 이름이었다. 그 보편에 가닿기 위한 이념적 갈등만이 유의미했던 것이다. 그리고 국가를 구성하는 시민들이 이러한 절대구조에 대하여 갖는 신뢰는 그러한 국가 본체 조직의 구성에 긴밀한 영향을 갖는다.

실제로 우리 역사만 돌이켜보아도 그러하다. 대한민국을 독립시키기 위해 목숨을 바친 독립운동가들이 지향했던 것도 '보편으로서의 조국'이었다. 즉, 독립을 통해 건립하고자 했던 국가의 다른 이름은 민족의 자유와 해방이었던 것이다. 하지만 과연 지금 국가는 보편을 향해 있는가? 정당은 얼마나 많은 표를 얻을 것인지 경쟁하는 시장 경제에 내던져진 상품이 되었다. 진보든 보수든 정책이 애매하고 불분명한 이유는 바로 그 때문이다. 더 많은 소비자를 만족하게 하기 위해 정당의 목소리에는 무엇이 정의로운 사회인지에 대한 확고한 목소리를 관철하기 위한 치열한 논쟁, 즉 정치가 사라졌다. 보편을 향해 있어야 할 국가도 그를 견지할 정치가 사라지자 단순히 폭력기구(군대, 경찰, 법률체제)를 운영하는 주체가 된다. 경제 논리에 흡수된 국가와 정치 모두 국민을 대변하지 못하는 사적 영역이 되어가고 있는 것이다.

그렇다면 정치란 무엇인가? 정치의 의미는 간단하게 나의 편에 위치한 사람들과 그 반대의 적장에 있는 사람들과의 구별이라고 독일의 정치철학자 카를 슈미트는 말한다. 그리고 그러한 나의 동지들, '우리'의 존립이야말로 정치가 가장 최후까지 해야 할 소명이다. 정치의 궁극적인 목적은 단연 해당 공동체의 생존이어야 할 것이며, 그러므로 경제의 건설, 개개인의 인권향상 따위의 일들은 이 '국가의 생존', '국민 전체의 안전'이라는 목적 앞에선 어디까지나 부차적인 성과에 불과하다고 주장했다. 역사적으로 봤을 때 이러한 슈미트의 주장은 나치 정권이 활용하고 선동하기에 가장 알맞은 개념이 되기도 하였으며 결과적으로도 제2차 세계대전에서 유대인 대학살이라는 참사가 벌어지고 말았다.

하지만 정치란 단순히 적과 우리의 구분 짓기 그 자체를 의미하는 것이 아니다. 나와는 반대인 다른 존재를 어떻게 대할 것인지를 선택하는 것이 바로 정치의 본질이자 중요한 정치적 행위인 것이다.

정치적인 문제를 기계적인 것과 유기적인 것, 죽음과 삶이라는 대립으로써 해결하려는 것은 오류이다. 죽음만을 자신의 대립물로 보고 있는 삶이란 이미 삶이 아니며, 무능과 무력함이다. 자기편에선 정신 및 삶만을 보고 다른 편에서는 죽음 및 기계만을 보는 식의 편 가르기는 투쟁의 포기를 의미할 뿐이며, 낭만주의적인 비탄의 가치밖엔 가지지 못한다. 왜냐하면 삶이란 죽음에 대해 투쟁하는 게 아니고 정신이란 무 정신에 대해 투쟁하는 것이 아니기 때문이다. 정신은 정신에 대하여, 삶은 삶에 대해 투쟁하는 것이다. 그리고 완전한 인식의 힘으로부터 인간적인 것들의 질서가 생겨난다. 통합에서 질서는 생긴다.

– 카를 슈미트,『정치적인 것의 개념』중에서

## 왜 우리는 불평등을 감수하는가?

왜 우리는 이 불평등한 구조를 당연하게 받아들이는가? 전 세계의 거의 모든 곳에서 불평등이 급속도로 심화되고 있다. 최상위 부자들은 더 부유해지고, 최하위 빈자들은 더욱 가난해지고 있다. 소비주의 체제 속에서 불평등은 너무도 당연한 이치로 받아들여지고 있고, 사람들은 아무런 의심 없이 그렇게 믿고 있다. 간간이 터져 나오는 불평과 불만들은 아주 개인적이며 일시적일 뿐이다. 소비주의 체제 속에서 인간은 반드시 의무적인 소비자이기 때문에 모든 문제가 소비로, 쇼핑으로 돌아가는 것은 너무도 당연하다. 사람들은 근본적인 문제점을 제대로 인식하지 못하고, 알고 있다고 착각하고 있는 것마저 실천하지 않기 때문에 소비주의의 불평등은 계속해서 유지된다.

이에 사회학자 지그문트 바우만은 제도가 '개인적 책임'이라는 믿음을 발명해 교묘히 이용하고 있는 현실을 지적한다. 즉, 불평등의 원인을 구조가 아닌 개인의 무능력과 부족함으로 돌리게 되면, "폭발할 잠재력이 있는 분노를 분산시키거나 그 분노를 자기검열과 자기비하의 감정으로 변질시키거나 자기 자신에 대한 폭력과 고문으로 분출하게" 된다는 것이다. 하지만 사람들은 이 치밀한 소비주의 체제의 계획을, 장치를 눈치채지 못하고 불평등은 소비주의 체제에서는 당연하고 불가피한 것이라는 맹목적 믿음으로 근본적인 문제를 알려고도 하지 않고 있다. 불평등의 유지는 보이지 않는 검은 손이 우리에게 부과시키는 것이 아니라 우리 스스로가 동참하고 있는 것이다.

지그문트 바우만은 『왜 우리는 불평등을 감수하는가?』에서 우리가

사람들은 근본적인 문제점을 제대로 인식하지 못하고, 알고 있다고 착각하고 있는 것마저 실천하지 않기 때문에 소비주의의 불평등은 계속해서 유지된다.

제대로 알지 못함에 대해 지적한다. 정말로 알지 못함이 우리가 불평등을 감수하게 만든 것이다. 현실은 정말 현실인가? "요컨대, 수많은 사람들이 믿고 있고 우리 모두가 압력과 부추김을 이기지 못해 결국 받아들이고 싶다는 느낌이 들게 되는 것 속에 과연 진실이 존재하는가? 간단히 말해, '소수의 부가 우리 모두에게 이익이 된다'는 것이 사실인가?" 현실 안의 간극들—우리의 말과 행동, 사람과 사람, 평등과 불평등 등 수많은 것들— 을 진정으로 보아야 한다. 그 간극들이 좁혀질 수 있을진 모르겠지만, 아무것도 하지 않아 훗날 회고로만 받아들일 땐, 이제 더 이상 빼앗길 것도 없을지 모른다.

오늘날 각국에서 중요한 문제로 부상하고 있는 '다문화주의'에도 이러한 간극은 존재한다. 자본주의의 전 지구화이든 기술의 발달이든 국경의 의미가 흐려지고 있는 것은 사실이다. 엄청난 양의 정보는 시도 때도 없이 엄청난 속도로 밀려오고, 다른 지역에서 노동을 하고 교육을 받는 것, 그리고 정착하는 것은 이제 특별할 것 없는 일이 되었다. 이러한 시대가 우리에게 공존하는 기술을 요구하고 있는 것은 분명하지만, 문제는 "상호 연대의 기초를 놓을 만큼 나아가지 않았다"는 것이다. 시장의 힘은 이주자들의 이동에 엄청난 유인이 되기는 했으나, 우리가 보다 주목해야 할 것은 바로 정치적 희망을 꺾는 것이 이주자들을 발생시키는 이유가 되고 있다는 사실이다. 전 세계적 규모의 인구 이동에 각 국가의 정부는 자국민을 보호하고 그들을 안심하도록 하기 위한 경계 긋기(이주민에 대한 차별정책, 그들의 권리 보호에 제한을 두는 것 등)를 하지만, 동시에 치외법권의 영역에서 이들을 '모른 척'함으로써 이주를 가속화시킨다. 즉, 불법이민과 같은 일이 가능하도록 협조하는 정부 덕에 '정치적 희망'을 잃은 이주민들은 차이에 의한 무자비한 불평등과 배척, 억압에도 목소리를 내지 않은 채 순순히 경제적 유인에 따라서만 이동하게 되는 것이다.

이러한 상황에서 간혹 이주노동자들의 도덕성에 대해서 왈가왈부하게 되는데, 그들의 실제 범죄율에 대한 오해(이주노동자들의 범죄율은 실제로 높지 않다)라든가, 혹은 열악한 환경에서 범죄를 저지를 수밖에 없다는 환경에 대해 비판을 한다. 그 어떤 이론도 정확히 설명할 수는 없겠지만, 도덕적, 윤리적, 합법적인 통로를 모두 차단한 채 그들에게 도덕성을 요구하는 것은 과연 합당한 것인가? 이는 빈부의 격차에서 역시 마찬가지다. 가난한 사람들은 그렇지 않은 사람에 비해 지적능력이 떨어진다는 최근 과학실험에 비추어보지 않더라도, 가난한 사람들은 기회의 불균형이나 삶의 환경 등의 차원에서 그렇지 않은 사람들에 비해 어둡고 거칠 수밖에 없다. 가난은 '가난한 자들의 능력부족'에서 비롯된 것이 아니라, '부유한 자들의 능력부족'에서 기인하는 것은 아닐까.

다시 바우만의 논의로 돌아오자. 바우만은 '다문화주의'라는 이론을 펼치는 대부분의 지적 엘리트들이 "사회적 불평등을 문화적 다양성으로 포장하여, 보편적으로 존중받고 조심스럽게 가꿀 가치가 있는 현상으로 탈바꿈"시켰다고 지적한다. 다문화 사회로 들어섬에 따라 발생하는 부정적인 문제들은 "부의 재분배가 이루어지지 않는 한 어떠한 인정투쟁도 실패할 수밖에 없는 운명이라는 사실"이 원인이라는 점을 외면해서는 안 된다. 다문화주의의 맹점은 바로 '다'문화 중 어떤 문화에 '속했던' 인간이냐에 따라 선택이 이미 결정된다는 것이다. 다수의 경우 불법이주민이 될 수밖에 없는, 가난하고 무법의 세계에서 살아갈 수밖에 없는 세계인 것을 간과하는 지적 엘리트들은 도덕적 책임에서 멀찌감치 멀어진 채 이를 방관한다.

우리 사회는 마치 '선과 악에 무관심한' 신처럼, 인간의 자율에 모든 것을 일임해버렸다. 각각의 개인이 자신의 의지에 따라 움직이게 될 수 있다는 달콤한 말은, 완전히 재편성해야 하는 사회 곳곳의 구조에 '양심의 가책 없이' 눈을 감는다. 소수의 다문화 이주자들에게 분명 토착 문화는 동화하라는 요구를 한다. 하지만 "동화되려고 노력할 책임은 확고하게 개인의 문제로" 돌아간다. 통로는 허하지 않으면서 길을 가라 하는 것이다. 그들이 고립되고 무능해질 수밖에 없는 이유는 여기에 있다.

"차이를 추구하는 문화적 정치와 균등을 추구하는 사회적 정치 사이의 격차를 벌리는 것"이 아니라, "오늘날의 정의는 인정과 재분배를 모두 요구한다"는 낸시 프레이저의 말처럼, 다문화주의의 문제는 '자기충족적' 인정이 아니라, 사회 정의를 이룩하는 인정의 문제인 것이다. 우리와 다른 그들의 문화를 존중하자는 마음을 갖는 것이 아니라, 그들의 입장에 대한 인정, 그래서 그를 개선할 수 있는 기회를 보장하는 권리를 적어도 그들이 요구할 수 있는 협상 테이블을 만드는 것. 그것이 다문화주의가 도덕적인 방관의 한 명분이 되지 않을 수 있는 방법이다.

# 경제적 선택은 우리의 삶을 구원할 수 있는가

현대 사회는 경제적 효율성이 정치적 평등을 침해한다. 기업들이 생산 비용을 줄인다는 명목으로 정규직 노동자를 비정규직 노동자로 전환하고, 정식 사원을 뽑기보다는 언제든 정해진 기간이 끝나고 뽑지 않으면 그만인 인턴 노동자를 고용하는 것이 그 대표적인 예다. 그러한 상황은 한 인간으로서 '일할 수 있는 권리'를 심각하게 침해하는 결과를 초래하고, 노동자들을 항시적 공포 상태로 몰아간다.

> 끝없이 변신해 가는 슈퍼파워의 경제는 (그 막대한 부에도 불구하고) 공포를 노동자들의 항시적인 벗으로 만든다. 다운사이징<sup>downsizing</sup>, 구조 조정, 거품 붕괴<sup>bubble bursting</sup>, 괴멸된 노동조합, 빠른 속도로 무용지물화 되는 노동 기술, 해외로의 고용 이동 등 단지 공포만이 아니라 공포의 경제와 통제 시스템을(이 시스템의 권력자는 불확실성을 숙주로 삼는다) 말이다.
> – 셸던 월린, 『이것을 민주주의라고 말할 수 있을까?』 중에서

노동자를 정리해고 할 때 전체 직원에게 그 의사를 묻는 기업은 많지 않으며(거의 없다), 노동자들은 자신의 권리가 침해받는 상황에서 정치적 주장은커녕 하소연할 곳도 마땅치 않다. 청년들은 끝없는 경쟁에 내몰리지만 돌아오는 것은 점점 불안정해지고 불확실한 미래이다. 상황이 이렇다면 지금 우리가 바른 방향으로 가고 있는 것인지 돌아볼 필요가 있는 것이 아닐까? 기업이 경제적으로 부를 추구할 권리와

자유가 보장되어야 하는 것이 정당한 것처럼, 마찬가지로 시민들이 보다 공평한 기회와 양질의 노동 조건에서 일할 권리를 보장받는 것 역시 정당한 권리로서 보장되어야 한다.

정치적 평등을 침해하는 것이 경제적 효율성뿐만은 아니다. 미국의 정치학자 로버트 달은 더 높은 지위로 올라서기 위해 서로의 시기심만을 부추기는 소비주의 문화, 테러리즘을 명목으로 국민을 통제하고 의회의 기능을 약화하는 권위주의적 국가의 등장, 자신의 정치적 권리를 '위임'하는 대의제의 신화 등이 정치적 자원의 불평등을 심화시키는 요소라고 말한다. 그렇다면 정치적 불평등은 계속 심화될 수밖에 없는 것일까? 시민의 관심은 정치에서 멀어지고, 시장과 국가는 점점 더 강력하게 시민적 권리를 축소할 갈 것인가? 로버트 달은 계속해서 말한다. "소비자 이익에 대한 우리의 관심에 대항해 저항을 확산시키는 것이 결코 가망 없는 것은 아니다." 그가 말하는 '가망'은 시민권 문화의 확산이다.

국민이 잘살기 위해서, 모두가 부유해지기 위해서 전체 부의 크기를 키워야 한다는 신화는 이미 깨어진 지 오래다. 그 현실을 부인하느라 이미 많은 것이 개발되어 있는데 억지로 더 하려다 보니 4대강 같은 어처구니없는 실책이 일어나는 것이다. 국가 주도의 경제성장을 통해 발전을 이룩한 우리나라의 경우, 그 경제성장이 멈춘 지금 모두 어디로 어떻게 가야 할지 우두커니 서 있다. 이 사회가, 이 국가가 어디로 가야 할지 고민하는 시민이 부재하다. 하지만 바로 그렇게 아무런 목소리도 내지 않고, 듣지 않는 그 행위 자체가 정치적인 행위임을 이해할 필요가 있다. 바로 내 삶의 질을 저하하는 정치적 행위라는 것을 말이다. 그러므로 우리는 정치적으로 행동할 것인가 아닌가 중에서 선택해야 하는 것이 아니라, 삶의 질과 시민적 권리를 저하하는 정치적 결정을 지금까지처럼 계속 내릴 것인가? 아니면 작은 희망이더라도 용기를 내어 삶의 질을 향상시킬 수 있는 정치적 결정을 내릴 것인가? 이 중에서 선택해야 하는 것이다.

　　많은 사람들은 자신의 삶의 질이 시민적 행동을 통해 향상될 수 있음을 깨닫게 될 수 있다. 시민운동가들은 민주주의 기본적인 전제와 약속(정치적 평등)이 미국인들의 정치적·경제적·사회적 삶의 현실에 의해 지속적으로 부정되고 있음을 (아직은 아닐지 몰라도) 곧 자각하게 될 수도 있다.

　　시민운동가들이 사람들 사이의 정치적 불평등을 감소시킬 수 있는 정책적 방법이 많다는 것을 발견하게 될 때, 그들은 그동안 미국인들이 잊고 살았던 것을 미국인들의 정치적 삶에 돌려주게 될 것이다. 그것은 정치적 불평등을 감소시킬 수 있는 정책을 확실하게 채택하도록 시간과 에너지를 집중할 수 있는 훨씬 더 강력한 대중운동을 복원하는 일이다.

　　- 로버트 달,『정치적 평등에 관하여』중에서

우리 삶의 위기는 돈을 벌지 않는 것에서 찾아오지 않는다. 인간이기를 포기할 때, 삶의 위기는 찾아온다. 우리가 목소리를 내어 정치적 삶에 뛰어들어야 하는 이유는 바로 이것, 바로 인간답게 살고자 하는 욕망 때문이다.

## 민주시민의 탄생

국민의 갈등과 요구를 조절하고 이해하기 위한 정치인들의 노력 없이 민주주의가 실현되기 힘들다. 국민들 각각이 가진 생각과 판단을 두루 살피고 그를 정치적 의제로 만들어 추진시키는 노력이 필요하다. 정치학자 박상훈에 의하면, 진보 정치인들이 거리가 아닌 국회로 돌아가야 하는 이유는 거기에 있다. 세월호 특별법 제정 문제로 '유민 아빠' 김영오 씨의 단식 투쟁이 계속될 무렵 문재인 의원이 거리로 나와 정부를 규탄하며 단식 투쟁을 함께했던 적이 있다. 그때 김영오 씨는 "고맙다"는 말과 함께, 거리가 아닌 국회로 돌아가 본업에 충실할 것을 요구했다. 세월호 특별법 제정뿐 아니라 국민들의 의견을 반영할 수 있는 중요한 결정은 최종적으로 국회에서 이루어지기 때문이다.

오랜 기간 화제가 되어온 핵발전소의 문제도 마찬가지다. 실제 폐로 여부까지 논의가 진전되기까지 핵발전의 부정적인 영향을 알리고 반대 시위를 진행해온 시민들의 노력이 있었다. 부산에 거주하는 시민 대부분의 의식을 바꾸는 것 또한 중요한 작업이었지만 궁극적인 문제의 해결은 그를 통한 정치적 결정의 변경에 있었다. 한 공동체 내부에 중요한 의사 결정을 위한 정치인들의 매개적 역할을 결코 무시할 수 없으며, 사회 운동 또한 그들을 움직이고 더 좋은 정치인들을 양성해내기 위한 하나의 노력으로 이루어져야 한다는 것이다. 『정치의 발견』에서 박상훈은 이를 '갈등을 공적 영역으로 전환'하는 것이라 한다.

민주주의에서 갈등의 범위를 확대하는 최선의 방법은 무엇인가?

그것은 갈등을 공적 영역으로 전환하는 것이다. 민주주의에서 사회 갈등을 공적 영역으로 전달하는 것은 정치의 기능이다. 그리고 현대 정치의 핵심 기구는 정당이다. 갈등이 공적 영역에서 정당에 의해 조직되면 갈등의 규모는 커지지만 갈등의 수는 줄어든다. 민주정치의 비결은 여기에 있다.

— 박상훈, 『정치의 발견』 중에서

더불어 그는 대규모의 영토 국가, 대규모의 시민, 사회적 기능의 분화와 전문화를 특징으로 하는 현대 사회에서 시민의 직접 통치나 집회 민주주의를 대안으로 말하는 것은 오히려 민주 정치를 상실하게 만드는 길이라고 지적한다. 따라서 정치가들 또한 상황을 개선할 수 있는 가능성을 보여주고 사람들이 호기심을 가지며 참여하도록 만들어야지, 대중의 무관심과 무지를 탓하며 스스로 민주적 가치를 버려서는 안 된다고 한다.

정치 참여는 우발적으로 일어나지 않는다. 어떤 이익이 있다고 해서, 혹은 반대로 분노가 생겼다고 해서 그것이 사회적인 활동과 참여로 이어지는 것은 아니다. 그러므로 보다 상식적이고, 구성원들에 의해 '변경 가능한' 사회를 꿈꾸는 사람이라면 현실 민주주의의 작동 원리를 이해하고 정치인과 무관심한 시민 사이의 중간 다리 역할을 하는 노력을 기울여야 할 것이다.

## 타인의 얼굴을 떠올리라는 요청

때때로 너무 많은 불행과 부정의가 이미 세상에 만연해 있기 때문에, 터져버린 후쿠시마 핵발전소사고나 바다에 무수히 떠다니는 플라스틱 잔해들을 생각하며 우리는 어떤 돌이킬 수 없는 흐름의 열차를 타버린 것은 아닐까 불안해한다. 또 우리나라와 중국 등에 이미 운영중인 핵발전소를 생각하면 한시라도 빨리 해결해야 하는 문제라는 생각에 조급한 마음이 든다. 우리가 할 수 있는 것은 힘을 모아 이런 위험이 구체화되지 않도록 막는 것이다.

지금 개인들이 힘을 모으는 것은 상당히 어려운 일임이 분명하다. 더 개인화되고 파편화되는 현대의 인간관계에는 사랑이 아니라 나르시시즘으로 가득하다. 우리는 이런 사랑의 포기를 멈추고 타자에 대한 책임의식을 내면화해야 한다. 또한 권력에 영향을 미칠 집단적 힘을 갖고 있지 않다면, 그것은 시민권이 없는 것과 다르지 않다. 영향력 있는 시민으로 어떻게 거듭날 것인가? 민주주의 정치는 바로 이 고민에서부터 출발해야 할 것이다. 민주적 정치란 타인의 얼굴을 떠올리는 것이다. 그래서 그를 공동체적 가치 안에 포함시키고자 노력하는 것이다. 그렇기에 몫 없는 자들, 가장 가난한 자들이 목소리 내는 것, 그리고 그들을 떠올리는 것이 민주주의다. 말할 수 없는 자가 말하게 되는 것, 말하기 어려운 상황에서 말할 힘을 획득하는 것이 민주적 절차인 것이다. 우리에게 필요한 것은 개인의 윤리적 선택이 구조적으로 인정될 수 있도록 하는 일이다. 윤리적인 정치인이 아니라, 윤리의 정치화가 필요한 것이다.

2부

————

고통의 기원에서 다시 시작하기

————

유난히 가물었던 어느 여름, 오랜만에 묵은 갈증을 다 씻어낼 것 같은 비가 내린 다음 날이었습니다. 또 언제 비가 내렸느냐는 듯 뜨겁게 내리쬐는 햇볕에 고개를 제대로 들 수조차 없어 땅을 보며 걷던 중, 한 무더기의 지렁이들이 아스팔트 위에서 꿈틀거리는 장면을 목격했습니다. 어제 내린 비에 지렁이들이 바깥 구경 나왔다 길을 잃은 모양이군, 하고 생각하며 저 괴로운 몸짓을 보고 안쓰러운 마음이 들어 이들을 다시 흙으로 돌려보내고자 했죠. 그런데 순간 멈칫, 지렁이가 길을 잃고 아스팔트에서 운명을 다 하게 되는 것 역시 지렁이의 운명이고 그것이 '자연의 섭리'라는 생각이 들었습니다. 곧이어 섬뜩함을 느꼈습니다. 자연의 섭리라니, 무엇이 자연의 섭리란 말인가요! 숨 쉴 구멍 하나 없는 아스팔트 땅이 언제부터 '자연'이 되었단 말인지요. 문득, 어쩌면 지금 세계에서 벌어지고 있는 수많은 고통에 대해서도 이렇게 여기는 것은 아닐까 생각이 들었습니다. 어쩔 수 없는 것, 자연스러운 것, 당연한 것으로 고통들을 외면할 만한 '거짓된' 근거를 갖추는 것. 그래서 그 고통의 책임에서 한 발짝 물러선 채, 그들을 고통 속에 두는 것이 오히려 당연한 것으로 태어나면서부터 익혀버리고 마는 사람들의 세계.

왜 세계에는 식량이 넘쳐나는데 굶어 죽는 사람들이 존재하나요? 왜 질병은 가난한 사람들에게 먼저 찾아오나요? 이렇듯 한 꺼풀만 벗겨 생각해도 적나라하게 드러나는 모순을 왜 우리는 그대로 방치하는 것일까요? 우리는 왜 4대강 사업, 핵발전과 같은 책임질 수도 없는 일들을 과감히 감행할까요? 알 수 없는 것, 보이지 않는 것, 확신할 수 없는 것에 대해서는 더 신중하고 더 치밀하며 더 겸손하게 반응하는 것이 당연지사여야 합니다. 하지만 인간의 역사는 언젠가부터 그 흐름을 거슬러 올라가고 있습니다. 보이지 않는데도 보이는 척하는 것이 발전이고, 확신할 수 없는 것에 대해서는 일단 그럴듯해 보이는 방향으로 지르고 보는 것이 투자이자 비전의 실현인 시대입니다. 그리고 결국 인간이 내린 오만한 결정으로 고통받는 것은 힘없고 가난한 사람들과 목소리를 내지 못하는 자연의 동·식물들이지요. 무엇이 우리의 눈을 이토록 가려버렸을까요? 곳곳에 존재하는 고통들, 인간이 충분히 없앨 수 있는 불필요한 고통들임에도 계속하여 발생하기에 더욱 모순적인 고통들을 지속하고 유지시키는 그 힘의 기원은 무엇일까요? 왜 우리는 미쳤다고밖에 보이지 않는 세상을 스스로 창조하고 있는 것일까요?

문제의 해결은 그 문제가 무엇인지 집요하게 묻는 것에서부터 시작합니다. 그러므로 오늘날 전 지구적으로 일어나고 있는 고통의 공통된 기원을 추적하여 그 뿌리를 발견하고 거기서부터 근본적인 변화의 가능성을 모색해야 합니다.

# 1.

# 가난한 사회,
# 고귀한 삶

우리는 참 풍요로운 시대를 살고 있습니다. 높고 화려한 건물은 경쟁하듯 들어서고, 아파트며 상가며 주차할 공간이 없을 만큼 자동차의 수는 늘어났고, 누구 하나 스마트폰을 갖지 않은 사람이 없지요. 하지만 점점 더 가난해지는 시대이기도 합니다. 언제 일을 그만둬야 할지 모르는 비정규직이 전체 노동자 10명 중 4명이 넘고, 일자리를 구하지 못해 대학을 졸업하지 못하거나, 대학 등록금을 벌기 위해 아르바이트로 청춘을 보내고 있는 청년도 무수히 많습니다.

"누구나 스마트폰을 가지고 있고 노스페이스 바람막이 점퍼로 제집 사정을 가린 요즘 청소년에게서 20여 년 전의 궁티를 찾아내기란 쉽지 않지요. 그래서 더 가난한 청소년들이 부모를 받아들이고 긍정하기 어려운 시대가 되었습니다. (…) "인생 한 방", "대박", "있어(없어) 보인다"와 같은 유행어에서 보듯 이제 우리 사회는 가난을 무능함이나 죄악과 동일시하고 있고, 돈 숭배가 도를 넘고 있습니다. 이런 사회에서 가난한 가정의 청소년이 자신의 가족을 사랑하고 자신을 긍정할 수 있는 힘을 가지려면 어떻게 해야 할까요? 가난한 친구와 이웃을 바라볼 때 어떤 시선으로 바라보아야 할까요?"

　– 김미경, 『시꽃 이야기꽃』 중에서


　가난한 사람은 어느 시대, 어느 나라에나 있습니다. 그리고 가난한 사람의 고통과 슬픔은 동서고금을 막론하고 크나큰 것일 테지요. 그런데 우리 사회는 그 가난을 개인의 무능 때문이라 여깁니다. 게을러서, 무식해서, 심지어 천성이 나빠서 가난해진 것이라 말합니다. 노력하지 않아 공부를 못했고, 공부를 못했기 때문에 버젓한 일자리를 구하지 못한 것이라고 말이지요. 그렇게 얻은 가난은 다 "네 탓"이라 말합니다.

　그러나 가난의 문제는 그를 겪고 있는 사람 탓만은 아닙니다. 가난한 사람의 삶도 똑같이, 어쩌면 그 누구보다도 치열합니다. 하루 24시간이 모자라도록 육체적·정신적 노동을 하는 사람보다 땅 투기로 돈을 버는 사람이 더 성실하고 현명한 것이 아니듯, 오늘날 우리 사회의 가난은 사회 구조적 문제에서 비롯한 것이 더 많습니다.

　〈내일을 위한 시간〉이라는 영화가 있습니다. 병가로 휴직했던 주인공 '산드라'가 복직을 앞둔 이틀 전, 회사 동료들이 그녀의 복직 대신 보너스를 받기로 선택했다는 전화를 받으며 영화는 시작합니다. 회사 사장이 직원들에게 제안했던 것이죠. "'산드라'의 복직이냐, 아니면 보

주인공 산드라가 이야기했듯, 산드라의 해직도, 보너스를 선택할
수밖에 없는 가난도 모두 그들의 탓이 아닐 것입니다. 그렇다면 이
가난과 고통은 어디서부터 비롯된 것일까요?

너스냐. 투표로 결정하겠다."

그녀가 다녔던 회사는 모두 16명이 근무하는 작은 회사였고, 그곳에서 일하는 사람들은 보너스가 꼭 필요한 가난한 사람들이었습니다. 부인이 갑자기 해고를 당해 남편이 보너스를 꼭 받아야 하거나, 집을 수리하기 위해 보너스가 필요하거나, 혹은 그녀의 복직을 위해 기꺼이 투표하고 싶지만 비정규직이라는 처지 때문에 쉽게 지지하지 못하는 사람도 있지요. 이들을 일일이 찾아다니며 산드라는 묻습니다.

"나를 위해 투표하면, 보너스를 포기해야 해. 그래도 나를 위해 투표해줄 수 있겠니?"

"나 대신에 보너스를 택한 것이 너의 잘못이 아니듯, 내가 복직한다는 이유로 네가 보너스를 받지 못하는 것 역시 내 잘못은 아니야."

영화는 산드라가 16명을 한 명 한 명 찾아가 자신의 복직을 설득하는 과정을 보여줍니다. 그 과정에서 산드라를 지지해주는 사람도 있고, 매몰차게 거절하는 사람도 있습니다. 주인공 산드라가 이야기했듯, 산드라의 해직도, 보너스를 선택할 수밖에 없는 가난도 모두 그들의 탓이 아닙니다. 그렇다면 이 가난과 고통은 어디서부터 비롯된 것일까요?

회사 동료 16명을 만나는 과정에서 산드라는 자신의 처지를 설명하고, 다른 사람의 이야기를 듣고 또 그들을 이해하게 됩니다. 나아가 자신을 지지하고 돕는 동료와 가족을 만나면서 자기 삶을 사랑할 수 있는 사람으로 거듭나지요. 스스로를 경멸하고 포기하려고 했던, 우울증에 힘들어했던 그녀는 이제 완전히 다른 사람으로 태어납니다. 그것은 산드라 자신이 이제는 다른 삶을 희망할 수 있는 용기를 얻게 되었기 때문이라 생각합니다.

　그렇다면 여러분께 묻고 싶습니다. 가난한 것이 하나의 죄악이 되어버린 오늘날, 가난한 사람이 자신의 삶을 사랑할 수 있으려면 어떻게 해야 할까요? 경제적 빈곤이 '고귀한 삶'을 무너뜨리지 않도록 하는 힘, 우리가 무력해지지 않을 힘은 어떻게 가질 수 있을까요? 영화 〈내일을 위한 시간〉의 주인공 산드라처럼, 우리 모든 개인의 탓은 아닐진데 이 땅에 명백히 존재하는 이 '가난한 사회'를 우리는 어떻게 극복할 수 있을까요?

## '마음'이 가난한 사회

· 황선진(15세) ·

절대적 빈곤의 상태에 있지는 않기에 우리가 진정 물질적으로 부족해서 가난함을 느끼는 것이 아니라고 생각합니다. 누군가의 눈에는 충분해 보여도 스스로 느끼기에는 부족하게 느껴지는 것이 현실입니다. 이 점에서 행복은 상대적이라는 점을 알 수 있습니다. 물질적인 것에서만 행복이 찾아오는 것은 아닙니다. 그런데 요즘 우리는 물질적인 것에서만 행복을 찾으려 하는 것 같습니다.

　정신적인 행복은 찾지 못한 채 물질적인 것에만 매달려 있는 우리의 모습이 참 슬프게 느껴집니다. 저는 이 시대에 우리가 가난한 것은 '마음' 때문이라고 생각합니다. 이 시대의 아이들은 자기 갈 길만 보고 달려가기 바쁩니다. 오로지 목표에 도달하기 위해 주변의 풍경은 보지 못한 채 바보같이 달리는 브레이크 없는 자동차와 같습니다. 주위에서 일어나는 가슴 아픈 일들을 보지 못한 채, 혹은 보고도 공감하지 못한 채 살아가고 있는 사람들이 고통받고 있는 사람의 눈에는 얼마나 이기적으로 비칠까요? 이 시대의 우리는 마음이 가난하고, 공감 능력은 더욱 가난합니다.

· 이은하(15세) ·

아프리카의 빈국들에 비교하자면 대한민국에 가난한 사람들은 그보다 많지 않습니다. 그러나 사람들은 자신이 가난하다고 생각합니다. 많은 이들을 이렇게 착각과 열등감 속에 빠지게 하는 사회는 가난한 사회입니다. 물론 실질적인 재산 규모는 사람마다 차이가 있을 수 있습니다. 그러나 제가 생각하는 가난한 사회는 그런 의미에서 부유하지 못한 사회가 아닙니다. 명품 옷, 가방, 스마트폰 같은 것들로 빈곤과 가난의 기준을 마음대로 정하는, 의식 자체가 가난한 사회입니다.

의식이 부족하다 보니 돈이라는 가치가 너무 과대평가되고 있습니다. 가끔 주변에서 너무나도 쉽게 돈방석에 앉고 반대로 정말로 쉽게 돈을 잃는 모습을 보곤 합니다. 돈은 쉽게 가질 수도 있지만, 눈 깜짝할 새에 잃어버릴 수도 있습니다. 돈으로 친구를 사귀거나, 돈 때문에 부당한 대우를 당하고, 심지어 돈에 눈멀어 세상 누구보다 소중한 자기 자신을 스스로 포기해버리는 모습을 보기도 합니다. 우리 사회는 타인에 대한 공감이나 관심, 배려를 보이지 않기에 너무나도 공허합니다. 이런 사회를 살아가는 우리가 보다 풍족하기 위해서는 돈을 모든 것의 목표로 두기보다는, 그저 없으면 불편한 존재 정도로 보는 편이 좋습니다.

그렇게 생각하는 것이 상당히 비현실적으로 보일 것입니다. 그러나 모두가 이런 식의 변화를 추구한다면 상대방에 관심을 가지고, 공감하고, 서로를 배려하는 풍족한 사회가 될 수 있습니다.

· 이창희(18세) ·

'내면의 가난함'으로 본다면, 우리 사회는 매우 가난합니다. 또한, 우리도 그 사회 속에서 가난한 삶을 사는 구성원입니다. 이러한 사회가 만들어진 것은 개인 탓이 아니지만, '가난한 사회'를 극복하기 위해선 개인이 변화해야 합니다. 개인 스스로 내면을 가꾸고 다듬고 지켜내기 위한 노력이 필요합니다. 자신의 삶을 사랑하고, 자신이 올바른 가치를 추구하고 살아가기 위해 어떤 힘에도 버틸 수 있고 중심을 잡아줄 무거운 내면을 가져야 합니다. 영화 〈내일을 위한 시간〉의 주인공 산드라 역시 마지막 순간까지 내면을 지키고 버텼기에 자신의 남은 삶을 자유롭게 만들 수 있었습니다.

## 가난은 노력으로 넘을 수 없다

· 박세형(16세) ·

가난한 사람들이 왜 가난해졌을까요? 저는 사회의 구조 때문인 것 같습니다. 많은 사람들이 가난한 사람을 무시하고, 노력을 안 했기 때문에 가난해도 된다고 말합니다. 그러나 과연 가난한 사람이 노력을 안 했을까요? 물론 그런 사람이 있을 수도 있습니다. 그러나 우리 사회에는 노력을 했음에도 불구하고 가난한 사람이 있습니다. 그것은 운명의 문제도, 운의 문제도 아닙니다. 그러므로 우리는 가난한 사람을 보는 시선을 바꾸고,

그 사람들도 존엄하게 살 수 있도록 노력해야 합니다.


· 최지윤(18세) ·

우리 사회에서 가난한 사람이 겪는 가장 큰 어려움은 바로 이런 가난을 모조리 개인의 책임으로 돌리는 시선을 받는 것입니다. 지금 이 사람이 가난한 것은 그 사람의 능력 문제라는 것이죠. 열심히 살았다면 그에 상응하는 능력을 갖추어 가난을 겪지 않아도 되었을 것이라고 합니다. 일부분 맞는 말일지도 모르지만 저는 그렇지 않다고 생각합니다. 아예 처음부터 공평한 기회를 얻지 못하는 사람도 있고 아무리 열심히 노력해도 가난의 굴레에서 벗어날 수 없는 사람도 상당수입니다.

그런 사람에게 기회를 줘야 하는 것은 개인이 아니라 국가입니다. 일단 제도적인 개선이 필요하다고 생각합니다. 특히 교육적인 면에서 말입니다. 프랑스 같은 나라는 사회적인 문제를 학교에서 배우고 아이들의 사고 폭을 넓혀 올바른 결정과 사회적 문제를 해결하는 방도를 생각할 기회들을 열어줍니다. 그러면 아이들은 어렸을 때부터 많은 사람의 처지를 이해하고 공감할 수 있을뿐더러 나중에 사회인이 되었을 때도 내 삶에 영향력을 끼칠 수 있는 사회적 결정에 자연스럽게 참여할 수 있습니다. 그렇게 올바른 인식을 하는 사람들이 사회를 구성하고 이끌어 나가게 된다면 개인이 모든 책임을 떠안고 고통을 감내하지 않아도 되는 사회가 될 것 같습니다.


· 김소원(15세) ·

일단 가난한 사람(나보다 덜 가진 사람)을 바라보는 사회의 인식부터 바뀌어야 할 것 같습니다. 의도치 않더라도 나보다 덜 가진 사람을 보면 나도 모르게 깔보는 터에 무심코 내뱉은 말이 상대방에게 모욕감을 줄 수 있습니다. 그렇게 된 이유는 가난한 사람들을 죄인 취급하고 무시하는 사회적 환경이 가장 큰 것 같습니다. 부자들만 대접받으니 사람들은 점점 상대적 빈곤감을 느끼면서 자신보다 가난한 사람을 무시하고 깔보며 위안을 얻게 되는 것입니다. 가난한 사람을 무시하지 않기 위해서, 저는 사람들이 자신 안에 있는 상대적 빈곤감을 먼저 극복해야 한다고 생각합니다. '저 사람은 나보다 좋은 것을 가졌어. 그러니까 나는 저 사람보다 가난해'라는 생각보다, '저 사람은 나보다 좋은 것을 가졌지만, 내가 가지고 있는 것도 좋은 거야' 혹은 '나는 더 좋은 것을 가지지는 못했지만, 생활하는 데 부족함이 없어'라고 생각을 한다면, 우리는 가난한 사회를 벗어날 수 있다고 생각합니다.

## 스스로 일어설 기회를 주세요

· 조하민(16세) ·

부유하지도, 가난하지도 않은 대부분의 사람들이 가난한 사람에게 무엇을 해주어야 할까요? 저는 자립할 수 있도록 도움을 주어야 한다고 생각합니다. 취업하기 어려운 시기이고, 최저임금이 최고임금이 된 시대에 가난한 사람이 자립하기란 매우 어렵습니다. 취업하는 데 돈이 들고, 배우는 데도 돈이 들죠. 나라가 가난한 사람을 존중하거나 품어주질 않으니 매우 어려운 상황일 수밖에요. 부유한 사람들은 부유한 사람끼리, 가난한 사람들은 가난한 사람끼리 어울리면 문제가 해결되지 않습니다. 그러면 이 문제를 의식하고 있는 우리가 변해야 합니다. 나라가 바뀌지 않는다면 우리가 변해서 그들이 자립할 수 있도록 도움을 줘야 한다고 생각합니다. 그들이 자립하고 나면 가난한 사람들에게 손을 뻗고, 또 그 가난한 사람들이 자립하면 또 도움을 주고. 그런 순환이 반복될 것입니다. 이 문제는 소수로 이루어지지 않는 만큼, 우리가 모두 동참해야 할 수 있는 일이라고 생각합니다.

· 조은서(16세) ·

매년 한 해를 마무리할 때면 뉴스에서 기부자들의 소식이 들려옵니다. 몇백만 원, 몇천만 원, 몇억 원까지 그들은 자신의 재산을 모르는 사람들에게 나누어주고는 합니다. 하지만『연필 하나로 가슴 뛰는 세계를 만나다』의 저자에 따르면, 이러한 기부 행위는 '의존의 악순환'을 불러올 수 있습니다. 의존의 악순환이란, 말 그대로 도움을 주는 자에게 도움을 받는 자가 의존하게 되면서 어느 순간부터는 도움을 주는 자가 없으면 아무것도 할 수 없는 상황을 말합니다. 따라서 저는 영원하지도 못할 도움의 손길은 가난을 극복하는 데 도움을 주지 못한다고 생각합니다.

지금 우리 사회는 여전히 일시적인 도움만을 주고 있습니다. 약자, 즉 가난한 사람들은 눈앞에 보이는 그 손을 덥석 잡아버립니다. 제가 생각하기에 가난을 극복하기 위해 따뜻한 포옹이 필요하다고 생각합니다. 가난한 사람을 위해 자신의 능력을 활용하고 노력할 수 있는 한 사람이 먼저 첫발을 내딛습니다. 『연필 하나로 가슴 뛰는 세계를 만나다』의 주인공 애덤 브라운도 그런 사람이었습니다. 그는 우리가 흔히 말하는 일류 기업에 다니고 있었고, 재산도 많은 편이었습니다. 그는 자신의 능력으로 많은 아이들을 돕길 바랐고, 첫발을 디딘 애덤 브라운을 보고 다른 사람들이 천천히 관심을 가졌습니다. 그리고 가난한 자들이 어떤 목소리를 내고 있는지 들으려고 했죠. 그렇게 한 사람, 한 사람이 서서히 모여 가난한 사람들을 안아주면 좋겠습니다.

· 김민성(16세) ·

가난은 언제 어디서나 존재할 수밖에 없는 뼈아픈 현실입니다. 하지만 우리는 종종 가난하다고 무시하고, 동정하고, 좋지 않은 눈빛으로 바라봅니다. 복장이 조금만 누추해도, 집이 조금만 허름해도 불쌍한 눈빛을 보내고 심한 경우 같이 다니지 말라는 이야기까지 합니다. 이것은 가난한 사람 개인의 문제가 아닙니다. 인생을 살아가며 스스로 실패해서 가난해진 사람도 그렇지만 태어나면서부터 가난했던 사람은 정말 불공평한 상황에 부닥칩니다.

이제 개인의 노력으로 가난을 탈출할 수 없는 시대가 되었습니다. 더는 개천에서 용이 나지 않습니다. 가난을 극복하게 하려면 사회가 지원을 해주어야 합니다. 우선 배우는 것은 공평해야 합니다. 모두에게 최상의 교육을 해줄 수는 없지만, 최대한 공정한 교육의 기회를 제공해야 합니다. 그러려면 공교육이 더 발전해야 합니다. 그리고 생활에 부족함이 없어야 합니다. 특히 어린이나 노인은 직장을 가지거나 소득을 얻기가 힘들기 때문에 복지정책을 통해 생활비를 넉넉하게 받아야 합니다. 많이 가진 자들이 많이 내고 적게 가진 자들이 적게 내야 이런 일도 가능할 것 같습니다. 그리고 마지막으로 우리의 시선 또한 중요합니다. 가난하다고 해서 불쌍하게 생각하는 것보다는 오히려 본질적인 문제를 해결해야 합니다. 단순히 무엇을 기부하는 차원을 넘어 가난을 탈출할 수 있는 능력을 갖출 수 있는 사회적 기반이 마련되어야 합니다.

· 왕재윤(16세) ·

가난한 사람이 긍정적인 마음가짐을 갖기 위해 노력해야 한다고 생각합니다. 당장 내일 먹을 것이 없어 걱정이 앞서는 그들에게 '긍정적 마음'을 강요하는 것이 어쩌면 아주 잔인해 보일 수도 있습니다. 그러나 저는 각박한 일상에서도 마음 속 여유와 희망을 찾는다면 정말 많은 것들이 변화하리라 믿습니다. 민중들이 지금보다도 더 가난했던 시기 조선을 다녀간 수많은 외국인의 기록을 보면 십중팔구가 조선인들이 가난에도 불구하고 여유롭고 배려 깊은 마음을 가졌다고 칭찬합니다.

저는 가끔 제 삶에 너무 여유가 없다는 것을 느낄 때 제가 가난하다는 생각이 듭니다. 각박한 삶 속에서 여유를 잃는다면 우리는 정신적으로, 그리고 관계적으로 빈곤할 수밖에 없습니다. 힘든 삶 속에서 끝까지 여유로운 미소를 잃지 않는 사람이야말로 진정한 부자가 아닐까요? 돈을 좇아 사느라 자신이 놓쳐버린 수많은 가치를 다시 돌아보는 여유를 잃어버린 사람은 진정한 부자라고 할 수 없습니다. 그들은 굳은 희망을 품어야 합니다. 가난한 사람들은 대부분 자신의 한계를 정합니다. '내가 돈도 없으면서 이렇게 큰 꿈을 가져도 될까?', '나는 내 처지에 맞게 작은 회사에 취직해서 심부름이나 해야지', '저 사람들과 나는 사는 세계가 달라'라고 말입니다. 그런데 가난하다고 해서 꿈까지 가난할 필요는 없습니다. 주위에 나를 사랑해주는 사람들이 있다는 것, 나를 믿어주는 사람이 있다는 것, 그리고 내가 살아있다는 것에서 희망을 얻고 더 나은 세계를 향해 달린다면, 그들은 마침내 그 한계를 뛰어넘을 수 있을 것입니다. 가난이 절대로 그들의 목표에 걸림돌이 되어서는 안 됩니다.

· 이혜진(23세) ·

저는 청소년 시절 경제적인 어려움으로 학교에서 급식비를 지원받았습니다. 학년 초 선생님께 말씀드리면 대체로 신청이 완료되었지만, 중학교 3학년 때는 특별히 해야 할 일을 주셨습니다. 담임선생님께서 "그냥 보조해주기는 그러니, 매일 아침마다 교무실의 종이컵을 치워달라"고 하셨죠. 그때부터 저는 친구들이 오지 않는 새벽에 학교에 나가 교무실의 종이컵을 치우기 시작했습니다.

플라스틱 수거함에 쌓여 있는 종이컵을 버리는 건 힘들지 않았고, '일'이라고 부를 수 없을 만큼 간단했습니다. 하지만 저는 친구들이 교무실에서 청소하는 제 모습을 볼까봐 전전긍긍했습니다. 누군가 다가와 "왜 청소하고 있어?"라고 묻지는 않을까 걱정하며 후다닥 청소를 끝내고 교실에 앉아 있곤 했습니다. 종이컵을 치울 때 줄줄 흘러내리던 커피가 떠올라 아침이 되면 학교에 가고 싶지 않았던 기억, 친구들에게 고민을 털어놓을 수 없는 답답함과 부모님에 대한 원망이 오래도록 마음의 상처로 남았습니다.

누구에게도 이 이야기를 꺼내고 싶지 않았던 데는 이유가 있습니다. 살아오며 한 번도 가난을 경험하지 못한 사람들에 의해 (그들의 선한 의지와 무관하게) 가난한 사람들의 아픔과 고통이 얼마나 쉽게 미화되는지 보았기 때문입니다. 또한, 저를 '형편이 어려운 아이'로 구분 짓고 동정과 연민의 눈길을 보내는 사람도 있었습니다. 그런 여러 상황을 경험하며 마음의 문을 점차 닫았던 것 같습니다.

제 마음이 치유되기 시작한 건 인디고 서원에서 인문학을 공부하면서였습니다. 폴 파머의 『권력의 병리학』을 함께 읽으며 가난한 사람들이 더 가난해지는 이유가 구조적 문제에 있었음을 알게 되었습니다. 저 또한 다른 사람들이 고통을 딛고 문제의 근본적인 원인을 알아나가기를 바랐죠. 시야를 넓혀 우리 사회에 어떤 문제들이 있는지 바라보고, 그것을 해결하기 위해 젊은 세대가 해야 할 일들을 찾아가기 시작했습니다.

저는 가난한 사람들이 자신의 삶을 사랑하기 위해 '공적인 논의와 결정에 참여할 수 있는 정신적·물리적 환경'을 보장받아야 한다고 생각합니다. 그를 통해 자신의 삶을 스스로 변화시킬 기회를 얻어야 합니다. 부모님을 원망하고 스스로를 깎아내리는 이유는 이 상황을 변화시킬 능력이 없기 때문입니다. 우리가 처한 문제가 '공동'의 것임을 자각하고 해결 방안을 함께 찾아갈 때, 가난한 사람들도 비로소 자신의 이야기를 꺼낼 수 있습니다.

구조적 문제로 인한 가난은 사회의 부조리와 맞닿아 있기에 '진실'에 가까울 수 있지만 분명 그 자체로 크나큰 고통입니다. 그렇기 때문에 가난한 사람들이 자신의 삶을 사랑하기는 무척 어렵습니다. 가난한 사람들이 가난의 고통을 인정하고, 그렇기 때문에 사회에 더 많은 것들을 요구할 수 있을 때 우리 사회가 진정으로 변할 수 있으리라 생각합니다.

## 가난하지 않은 자들의 책임

· 왕재윤(16세) ·

가난한 사람의 개인적인 노력과 가난하지 않은 사람의 사회적인 관심과 책임의식이 모일 때 가난은 비로소 '우리의 문제'로 다가올 것입니다. 우리는 가난한 이들에게 '행복하려고 노력하라'는 말만 할 것이 아니라, 가난해도 행복할 수 있는 여건을 마련해야 합니다. 그중 대표적인 것이 바로 사회적인 인식의 개선과 제도의 개선입니다. 저는 우리 사회의 신분제도가 여전히 사라지지 못하는 가장 큰 원인이 '사장을 1등으로 보고 청소부를 꼴찌로 보는 우리들의 당연한 인식'이라고 생각합니다. 재산을 인간적인 가치들보다 더 중요한 평가 기준으로 삼고, 나보다 가지지 못한 사람들을 나보다 낮은 존재로 대하는 우리들의 인식은 이미 머릿속 한구석에 너무도 당연한 듯 자리 잡고 있습니다. 부끄러운 사건인 '땅콩 회항 사건' 역시 가진 것을 과시하려 하는 우리들의 '갑질 문화'에서 비롯된 사건이라 할 수 있습니다.

그러나 가난을 극복하는 데에 우리의 인식보다도 더 결정적인 힘을 지닌 것은 사회적 제도의 변화입니다. 우리 사회는 가난한 사람을 탓하고 비난하기에 바쁘지만 정작 그 가난의 진정한 원인은 알지 못합니다. 저는 가난이 끝없이 대물림될 수밖에 없는 이유가 제도적인 측면에 존재한다고 생각합니다. 가난은 운명과도 같습니다. 태어나 보니 아버지가 대기업 사장님일 수도 있고, 태어나 보니 아버지가 길거리 생활로 하루하루를 버티고 있을 수도 있겠죠. 인생을 시작하는 출발점이 애초부터 달랐다면, 과연 그것을 노력의 문제라고 할 수 있나요? 또, 그 시작점은 어디서부터 달라지게 되었나요? 그렇다고 운명이니 받아들여야 한다는 말이 아닙니다. 만약 정부가 제도적으로 그들에게 충분한 교육의 기회와 기본적인 의식주를 보장해준다면, 공평하게 인생을 살아갈 수 있을 것입니다.

· 김은비(18세) ·

저는 얼마 전까지 지하철역이나 육교에서 동전을 구걸하시는 분들을 보며 안타깝다는 생각을 하지 않았습니다. '충분히 일할 수 있는데, 왜 노력하지 않는 삶을 살고 있는 걸까?' 하는 의문뿐이었어요. 그러나 어느 날 문득, '저분들이 우리 사회에서 과연 손쉽게 일을 구할 수 있을까?', '저분들이 부지런하지 않기 때문에 길거리에 살고 계신 걸까?'라는 생각이 들기 시작했습니다. 저는 그 생각에 쉽게 답을 할 수 없었습니다. 단 한 번도 깊게 생각해보지 않은 문제였고, 그분들과 같은 삶을 살아보지 않았기 때문입니다.

저는 가난을 개인의 탓으로 돌리는 사회 속에서 누구도 자신의 삶을 긍정할 수 없다고 생각합니다. 마치 제가 그랬듯, 가난이 개인의 탓이라 생각하는 순간 가난한 이들에 대한 인식 또한 부정적인 방향으로 나아가게 됩니다. 부가 세습되듯 가난 또한 세습되고 있기에, 가난은 단순히 개인의 문제가 아닌 사회 전체의 문제입니다. 가난을 극복하기 위해서는 가난하지 않은 자들의 움직임이 필요합니다. 내가 아프지 않다고 타인의 고통을 무시하면 안 되는 것처럼 가난 또한 무시해서는 안 됩니다. 사회 구성원 모두의 이익을 위해 영화 〈내일을 위한 시간〉의 몇몇 동료들처럼 개인의 이익을 조금 양보하는 모습 또한 필요합니다. 이러한 개개인의 실천과 인식의 변화가 제도적 변화 또한 이끌어낼 수 있다면, 가난한 사회를 조금이나마 극복할 수 있을 것 같습니다. 이것이 가난을 '우리 모두'의 문제로 생각해야 할 이유라고 생각합니다.

# 2.

# 의로움으로
# 시대의 아픔에 응답하다

왜 이 지구상에 누군가는 굶주리고 병들어 고통받아야 할까요? 빌 게이츠, 워렌 버핏과 같은 세계 최대 부호들이 재산의 절반을 경쟁적으로 기부하고, 페이스북 창시자 마크 저커버그는 99%의 재산을 사회에 환원하겠다고 약속했습니다. 하지만 그들이 가진 1%가 보통 사람은 꿈도 꾸지 못할 정도의 재산인 것은 과연 마땅한 일일까요?

국제구호기구 옥스팜Oxfam이 2015년 발표한 「1%를 위한 경제」에 따르면 62명의 부자가 가진 부가 전 세계 인구 절반인 36억 명의 것과 같습니다. 세계 인구 절반이 가진 재산을 가진 부자의 숫자가 2010년에 388명이었던 것이 불과 5년 만에 5분의 1로 줄어들었습니다. 심지어 세계 상위 1%의 부는 나머지 99%의 부와 같다고 합니다. 오늘날의 불평등은 인류가 존재한 이래로 가장 심각합니다.

『세계에서 빈곤을 없애는 30가지 방법』에는 전 세계 곳곳에서 일어나고 있는 빈곤의 증상과 원인이 매우 자세하게 설명되어 있습니다. 전 세계의 빈곤이 초콜릿, 컵라면, 화장품, 티셔츠 등 우리 일상과 어떻게 연결되어 있는지를 보여주는 책이지요. 책에 소개된 사례를 바탕으로 빈곤의 증상을 정리해보았습니다.

**『세계에서 빈곤을 없애는 30가지 방법』에서 정리한 '빈곤'의 증상**

- '개발'이라는 이름으로 거주지가 파괴당하고, 그에 대항할 그 어떤 힘도 갖지 못한다.
- 유해한 물질에 노출되어 신체기능이 저하되거나 훼손되고, 정도에 따라 사망에 이르기도 하지만 그에 대한 정확한 정보를 얻기 어렵다. 그리고 그 피해에 대한 보상을 받지 못한다.
- 다수의 이익이라는 명분에 가장 먼저 그리고 가장 심하게 피해를 감수해야 한다.
- 적은 임금을 받거나 위험하게 일해도 그것을 기꺼이 감수해야 하고, 그 부당함을 호소할 사회제도적 힘을 갖지 못하기도 한다.
- 자연 생태계에 적합한 생존의 기술을 갖고 있었지만, 새로운 '기술'의 도입으로 이를 완전히 무시당한다. 지역과 주민의 생태 연결고리를 파괴당한다.
- 눈에 보이지 않는 형태로 착취당한다. 예를 들어 물을 빼앗겼지만, 그를 소비하는 최후의 소비자는 그 모습을 보지 못한다.
- 교육을 제대로 받을 수 없거나 질 낮은 교육환경에 순응해야 한다.
- 부당한 채무와 불편한 채무에 시달리게 된다. 선택권이 없었지만

책임은 오롯이 그들의 몫이 된다.

· 건강한 삶을 영위하기가 어렵다. 의료의 혜택에서 배제당한다.

책에서 발견한 빈곤의 모습은 단순히 돈이 없고 굶주리는 것이 아니었습니다. 일상 곳곳에 위험이 도사리고 있고, 그 위험으로부터 자신 혹은 가족을 보호할 능력과 권력을 상실한 여러 상태가 '빈곤(가난)'인 것이지요.

철학자 마사 누스바움은 인간다움 삶을 위해 반드시 필요한 역량 10가지가 있다고 소개합니다. 그 역량은 다음과 같습니다.

**마사 누스바움의 인간다운 삶을 위한 필수역량 10가지**

1 · 생명(Life)

평균수명을 누리며 살 수 있게 해줘야 한다. 너무 이른 나이에 죽거나 수명이 줄어들어 가치 있는 삶을 살지 못하게 되면 안 된다.

2 · 신체건강(Bodily Health)

양호한 건강을 누릴 수 있어야 한다. 여기에는 자녀를 낳는 데 필요한 건강도 포함된다. 적절한 영양을 공급받고 적합한 주거공간을 보유해야 한다.

3 · 신체보전(Bodily Integrity)

자유롭게 이동할 수 있어야 한다. 성폭행이나 가정폭력 같은 폭력적 공격으로부터 보호받아야 한다. 성적 만족을 누릴 기회가 있어야 하고 자식을 낳을지 말지를 주체적으로 선택해야 한다.

4 · 감각, 상상, 사고(Senses, Imagination, and Thought)

감각기관을 활용할 줄 알아야 하며, 상상하고 사고하고 추론할 줄도 알아야 한다. 그리고 '정말로 인간적인' 방식, 즉 글을 읽고 쓰는 훈련, 기초 수준의 수학적·과학적 훈련을 넘어서 적절한 교육으로 지식을 전하고 교양을 쌓도록 하는 방식으로 이들 역량을 확보해주어야 한다. 종교, 문학, 음악 등에서 스스로 선택한 행사와 작품을 경험하고 생산할 때 사고력과 상상력을 동원할 줄 알아야 한다. 정치적 표현과 미적 표현의 자유, 종교 활동의 자유를 보호받으며 지성을 활용할 수 있어야 한다. 즐거운 경험을 하고 유해한 고통을 피할 수 있어야 한다.

5 · 감정(Emotions)

주변 사람이나 사물에 애착을 느낄 수 있어야 한다. 자신을 사랑하고 보살피는 사람을 사랑할 수 있어야 하고, 그런 사람이 없다면 슬퍼할 줄 알아야 한다. 일반적으로 말해 사랑, 슬픔, 갈망, 만족, 정당한 분노를 느낄 수 있어야 한다. 공포와 불안으로 감정발달이 방해를 받아서도 안 된다. (이 역량을 지원하는 것은 인간 발달 과정에서 대단히 중요하다. 다양한 인간적 유대관계를 지원하는 것과 같다.)

6 · 실천이성(Practical Reason)

선<sup>善</sup> 관념을 형성할 수 있어야 한다. 삶의 계획을 비판적으로 성찰할

줄 알아야 한다. (이를 위해서는 양심의 자유와 종교의식의 자유가 보장
되어야 한다.)

7 · 관계(Affiliation)
① 다른 사람과 더불어 살고 다른 사람을 인정하며 다른 사람에게
관심을 보이고 다양한 상호작용에도 참여할 수 있어야 한다. 다른
사람의 처지를 상상할 줄 알아야 한다. (관계역량을 보호하는 것은 관
계를 구성하고 관계를 증진하는 제도와 더불어 집회 및 정치 발언의 자유
를 보호하는 것과 같다.)
② 자존감의 사회적 토대를 마련해주어야 한다. 다른 사람과 동등한
가치를 지닌 존엄한 존재로 대우받을 수 있어야 한다. 그러려면 인
종, 성별, 성적 지향, 민족적 배경, 사회계급, 종교, 국적 등에 근거한
차별이 사라져야 한다.

8 · 인간 이외의 종(Other Species)
동물이나 식물 등 자연 세계에 존재하는 모든 것에 관심을 기울이고
관계를 맺으며 살아갈 수 있어야 한다.

9 · 놀이(Play)
웃고 놀 줄 알아야 하고 여가를 즐길 수 있어야 한다.

10 · 환경 통제(Control Over One's Environment)
① 정치적 측면: 삶에 지대한 영향을 미치는 정치적 선택 과정에 효

과적으로 참여할 수 있어야 한다. 정치에 참여할 권리, 언론 및 결사의 자유를 보장받아야 한다.

② 물질적 측면: 재산(부동산과 동산)을 소유할 수 있어야 한다. 재산권을 행사할 때나 직장을 구할 때도 다른 사람과 동등한 대우를 받아야 한다. 부당한 압수 수색을 받지 말아야 한다. 직장에서는 실천 이성을 발휘하고 동료와 서로 인정하는 의미 있는 관계를 맺는 가운데 인간답게 일할 수 있어야 한다.

"행복한 가정은 모두 엇비슷하고, 불행한 가정은 불행한 이유가 제각기 다르다." 러시아 대문호 톨스토이의 『안나 카레리나』의 첫 문장입니다. 이 말인즉, 행복한 삶을 살기 위해서는 여러 가지 조건과 환경이 필요합니다. 수많은 고통과 불행의 요인들에서 자유로워야만 인간답게 살 수 있습니다. 그렇다면 과연 우리는 인간답게 살고 있나요? 인간다운 삶을 위한 핵심역량 10가지가 있다면, 그것을 불가능하게 하는 것 중 하나가 빈곤일 것입니다. 그렇기에 인간답게 살기 위해 여러 가지 조건이 필요한 만큼, 빈곤에 대한 정확하고 구체적인 사례를 통해 빈곤이 인간의 존엄과 자유를 어떻게 불가능하게 하는지 알아야 합니다.

여러분이 발견한 우리 시대 빈곤(가난)하다는 것은 무엇인가요? 그를 뛰어넘어 인간다운 삶을 위해 필요한 지금 우리가 할 수 있는 일은 무엇인가요?

# 우리는 빈곤을 어떻게 바라보고 있는가

· 김다은(16세) ·

머릿속으로 '빈곤'이라는 단어를 떠올려보았습니다. 예상과 다르지 않게도 가장 먼저 생각나는 것이 헐벗고 빼빼 마른 아프리카 기아 아이들이었습니다. 다른 주위 사람들에게도 물어보았습니다. 대답은 모두 같았습니다. 까만색 피부를 가진 마른 사람들, 그리고 굶고 있는 사람들, 지구 다른 쪽의 개발도상국 아이들. 왜 그런 걸까요?

그 답은 의외로 간단하게 찾을 수 있습니다. 빈곤을 겉모습으로 판단하기 때문입니다. 개발도상국이 선진국보다 경제적 수준으로만 따지자면 절대적으로 열악합니다. 그런데 경제총생산량$^{GDP}$이 아니라 UN에서 발표하는 세계행복지수에 따르면 개발도상국에서도 상위권을 차지하는 곳이 많다고 합니다. 우리나라는 몇 위일까요? 무려 58위입니다. 경제 규모로 하면 20위 안에 드는 한국이지만, 이 지수로 보자면 우리는 엄청난 빈곤에 시달리고 있지요.

이것은 모순입니다. 내일도, 모레도, 한 달 뒤에도 배부르게 먹을 수 있을 만한 양식을 가지고 있지만 하루하루 정신적 빈곤함에 시달린다는 것이 말이지요. 그러면서 경제적 수준이 조금만 우리보다 낮으면 가난한 나라라고 무시하고 얕잡아 보는 태도가 부끄러워집니다.

가장 단순한 답이 가장 좋은 해결책이라 배웠습니다. 우리는 욕심과 허영을 버려야 합니다. 그 순간 비로소 비어 있는 우리의 정신적 빈곤을 조금이라도 채워나갈 수 있습니다.

· 이주연(18세) ·

빈곤의 사전적 의미는 기본적 욕구가 충족되지 않은 상태, 최소한의 인간다운 삶을 영위하는 데 필요한 물적 자원이 부족한 상태입니다. 그런데 책을 읽고 사람이 사람의 빈곤을 만든다는 생각이 들었습니다. 잘 사는 사람이 못사는 사람을 도와주지 않거나, 도와주더라도 그 도움 때문에 더욱 힘들어지는 것 같았습니다. 어느 곳이든 살아갈 만큼의 물적 자원은 존재합니다. 하지만 그것을 활용하지 못하도록 빼앗아가기 때문에 문제가 발생하지요. 현지 사람들과 아무런 협상과 혜택 없이 마음대로 숲을 파괴하거나, 어린아이들을 싼값에 데려와 막노동을 시키는 것이 어쩌면 우리가 누리는 '부'를 만들어낸 것 아닐까요? 이마저도 잘 알려진 사실이 아니지만, 이렇게라도 알려지기까지 얼마나 많은 사람이 고통받았을지를 생각하면 마음이 아픕니다.

왜 사람들은 이런 진실에 눈감을까요? 저도 마찬가지입니다. 초콜릿을 좋아하지만, 공정무역 초콜릿에 대해 별로 관심 갖지 않았고, 그것을 고르지 않았습니다. 조금이라도 더 싼 것을 사기에 급급했던 것이 부끄러웠습니다.


· 홍영서(16세) ·

TV 뉴스에서 우리나라 어부들이 금어기에 바다에서 생선을 대량으로 잡아들였다는 소식을 보았습니다. 이것 역시 빈곤 아닐까요? 인간에게는 필요한 만큼의 식량도 잡을 수 없는 것이 빈곤이고, 바다의 입장에서는 텅 비어버린 상황이 빈곤일 것입니다. 간단한 전염병 하나 치료할 수 없어 수십, 수백만의 사람이 죽어야 하는 것 역시 빈곤이고, 교육을 받지 못해 글을 읽

©연합뉴스

빈곤이란 '자본' 등의 물질이 없는 상태가 아니라 희망이 없는 상태라고 정의내리고 싶습니다. 가난한 사람들이 아주 크게 "싫어!"라고 외칠 수 없는 이유는, 있는 힘껏 자기 권리를 주장하면 그들을 집에서, 회사에서 내쫓기 때문입니다.

을 수 없는 것 역시 빈곤입니다. 즉, 빈곤이란 본래의 모습을 유지하지 못하고, 그 잠재능력과 가능성을 모두 빼앗긴 상태가 아닐까 생각합니다.

· 조민경 (17세) ·

가난의 원인은 이제까지 가난한 사람들에게 있다고 여겨져 왔습니다. 그들이 게으르거나 교육을 받지 못해 무지하기 때문이라는 것이지요. 하지만 가난한 사람들만큼 열심히, 정말 열심히 살아가는 사람이 있을 수 없습니다. 부자인 사람들은 빈곤한 상태에서 벗어나기 위해 부단히 애쓰고 있는 이들보다 더 열심히 했기 때문에 더 편하게 살아가는 것일까요?

빈곤이란 '자본' 등의 물질이 없는 상태가 아니라 희망이 없는 상태라고 정의내리고 싶습니다. 가난한 사람들이 아주 크게 "싫어!"라고 외칠 수 없는 이유는, 있는 힘껏 자기 권리를 주장하면 그들을 집에서, 회사에서 내쫓기 때문입니다. 더 나은 삶이 불가능할 것 같다는 희망의 박탈은 곧 삶의 의지의 박탈입니다.

가난한 사람들에게 다시 희망을 되찾아줄 수 있는 방법은 무엇입니까? 그것은 동등한 인간이라는 시각을 갖추는 것에서부터 시작한다고 생각합니다. 똑같은 인간이 아니라는 신념으로, 동등한 대우를 받고 권리를 누릴 인간으로 모두를 대할 때, 희망은 다시 도래할 수 있습니다.

## 가난은 누구의 책임인가

· 하보원 (16세) ·

사전에 '빈곤하다'의 뜻을 검색해보면 '가난하여 살기가 어렵다' 또는 '내용 따위가 충실하지 못하거나 모자라서 텅 비다'라고 정의되어 있습니다. 하지만 이번에 이 책을 읽으면서 제가 생각해본 '빈곤하다'의 정의는 '스스로 일어서서 미래를 계획하고 나아갈 힘이 부족하다'입니다. 제가 이 책을 읽으며 가장 인상 깊었던 부분은 '지역의 가능성을 살리는 원조가 필요하다'입니다. 선진국은 개발도상국을 위해 원조를 한다고 하지만 실질적으로 세계의 빈부 격차는 점점 커지고 가난한 나라들은 더욱 가난해지고 있습니다.

진정한 의미의 원조는 그들이 스스로 노력하여 그 지역에서 살아갈 힘을 기를 수 있도록 도움을 주는 것입니다. 세계 어느 곳에서도 지역적 특성을 살려 에너지 자원을 얻고, 식량을 생산하여 충분히 사회를 만들어 나갈 수 있습니다. 그 예가 바로 일본의 야마가타 현 쇼나이마치 다치카와 지구의 모습인데요, 이 지구 사람들은 불편하게 여겼던 강풍과 음식 쓰레기에서 자원의 가능성을 찾았습니다. 강풍을 풍력발전에 이용하고, 음식 쓰레기로 만든 퇴비를 이용하여 안전하고 맛있는 쌀을 생산하며 안정적인 궤도에 올라섰습니다. 이후에는 도전에도 망설이지 않는 용기를 찾고, 지역에 있는 또 다른 자원에 관심을 가지기 시작했습니다.

이처럼 가난한 지역도 충분히 노력을 통해 일어설 수 있습니다. 따라서 우리는 가난한 사람들은 능력이 없고, 무력하다는 오만한 착각에서 벗어나 그곳 사람과 지역 등이 가진 가능성을 펼치도록 도와주어야 합니다.

· 유채린(15세) ·

『세계에서 빈곤을 없애는 30가지 방법』에 소개된 여러 상태 중, 가장 기억에 남는 내용은 바로 종이에 관련한 것입니다.

종이는 대개 유칼립투스라는 나무로 만든다고 합니다. 그 이유는 다른 나무들보다 더 빠르게 성장하기 때문입니다. 태국과 같은 동남아시아에서는 외화 획득을 위해 숲에 살고 있던 사람들을 몰아내고 유칼립투스 나무숲을 조성하기 시작하였는데요. 숲에 살던 수십만, 수백만 명의 사람들은 강제적으로 쫓겨나 생계수단을 잃는 비극이 일어나기도 했습니다. 수많은 사람이 빈곤계층이 되는 재앙이 시작되었지요.

이 과정에서 발생하는 문제는 이뿐만이 아닙니다. 이 나무를 대량으로 재배하는 것이 환경친화적이지 않습니다. 왜냐하면 유칼립투스는 빠르게 성장하는 만큼 땅속의 영양과 물을 많이 흡수하는데, 이 나무를 한 곳에 많이 심게 되면 토양이 메말라버리기 때문입니다. 또, 펄프 공장에서 발생하는 폐수로 인해 강이 오염되어 물고기가 자취를 감추게 되고, 강물을 생활수로 사용하던 주민들은 각종 피부병과 매연으로 호흡기 계통의 질병도 겪게 됩니다.

그렇다면 우리가 종이를 사용하면 안 된다는 것일까요? 그렇지 않습니다. 환경이나 인권을 생각하여 만든 제품도 있기 때문입니다. 그런 제품을 애용하는 것도 하나의 방법입니다. 무엇보다 물건을 낭비하지 않는 것이 가장 중요하겠지요.

빈곤 문제들을 살펴보면 항상 그 중심에는 돈이 있습니다. 돈을 더 많이 벌기 위해 환경파괴, 인권침해 등의 비도덕적인 행위를 저지르게 되지요. 이 문제를 해결하기 위해 약한 자들을 위한 제도가 만들어져야 하고 그것이 활성화되어야만 합니다. 빈곤은 부유한 나라가 만든 세계 구조의 문제라고 합니다. 우리 일상에 퍼져 있는 이 구조적 문제에 대해서 관심을 가져야겠습니다.

빈곤을 해결하기 위해 필요한 것은 가난한 사람들의 태도 변화가 아니라 오히려 부유한 사람들의 태도 변화라고 생각합니다. 국가적 차원에서 생각해봅시다. IMF는 채무가 많은 국가를 대신해서 구조조정을 해줍니다. 그런데 그 과정이 빈곤에서 구제하는 것이기도 하지만, 거대 기업이나 자본에 의존하게 되는 구조적 문제를 만들어 결과적으로 그 국가의 국민에게 피해를 주는 경우가 많습니다.

예를 들어 수출할 능력이 없는데도 어떤 나라를 수출국으로 더 활성화시키면 원료들을 수입하는 강대국들에는 유리하지만, 오로지 싼 값에 수출하기 위해 애써야 하는 나라는 더욱더 빈곤해지지요. 그러므로 선진국들은 빈곤국에게 불리한 구조적 · 제도적 문제들에 더 적극적으로 나서야 합니다. 본인들이 취한 이득이 과연 어디서부터 비롯되는지 그에 대한 책임 문제를 생각해야 한다는 것이지요.

가난하다는 것은 집에 정말 먹을 것이 없고 옷도 몇 벌 없고 물질적으로 풍족하지 않은 것이라고 생각합니다. 그런 측면에서 우리는 알고 보면 잘 살고 있는 것입니다. 하지만 정말 가난한 사람들은 어떻게 하면 가난이 해결될지 생각해보았습니다.

먼저 집에 먹을 것이 없고 옷도 입을 것이 없는 사람은 당연히 돈이 없기 때문에 그렇습니다. 돈이 없는 근본적 이유는 정부의 부패와 비리 때문인 것 같습니다. 먼저 정부가 잘해야 합니다. 높은 직위의 사람들은 돈이 넘쳐나는 것을 당연하게 여겨서는 안 됩니다. 돈은 사람의 편리를 위해 만들어졌습니다. 돈을 빼돌리고 축적하기 위한 이유로 만들어진 것이 아니라는 말이지요. 가난한 사람들은 돈이 없어 이 지경에까지 이르렀습니다. 정부가 돈의 원래 의미를 잘 살려 양심껏 돈을 쓴다면 분명 빈곤 문제는 해결됩니다.

## 가난을 극복하는 방법 : 존엄한 인간이 되자

· 김세영(15세) ·

빈곤의 악순환을 끊기 위해서는 단순히 가난한 사람을 도와준다는 마음을 버려야 합니다. 공정무역으로 유통된 물건을 사고 지나친 소비를 자제하는 등의 활동도 가능할 것입니다. 그런데 그것이 "난 착한 일 했어, 그걸로 된 거야"로 끝내지 않고, 진짜 도움이 되었는지 끝까지 책임 있게 관심을 갖는 것이 더 중요합니다.

· 황선진(16세) ·

제 생각엔 '빈곤하다'의 의미는 크게 두 가지로 나누어 볼 수 있습니다. 하나는 마음이 빈곤해 심리적으로 괴롭고 힘든 상태인 것을 뜻하고, 나머지하나는 물질적으로 가난하여 살기가 어렵다는 뜻을 가집니다. 전 세계에는 이 두 가지의 빈곤을 모두 가진 사람도 있을 것이고, 둘 중 하나만 가진 사람도 있을 것이며, 두 종류의 빈곤과는 거리가 멀게 느껴지는 사람도 있습니다.

두 빈곤 중 감히 어떤 것이 더 힘들고 괴로운 것이라 함부로 정의 내릴 순 없지만 마음의 빈곤이 더 발견하기 힘들다는 것은 확신할 수 있습니다. 상처나 병도 눈에 보여야만 빨리 발견하고, 해결책을 마련할 수 있는 것처럼 빈곤도 상처와 같은 것이 아닐까 생각합니다. 겉으론 멀쩡해 보여도 속마음은 힘든 사람들이 지금 바로 우리 옆에 있을지도 모릅니다.

'빈곤'을 없애기 위해서는 먼저 자신의 몸과 마음의 상태를 알고, 주위 사람들의 사정을 둘러보는 자세가 가장 필요하다고 생각합니다. 오늘날 현대인들은 거의 모두가 하나 이상의 신체적·심적 질환을 안고 살아가고 있습니다. '만성피로증후군', '목과 허리 디스크', '불안 장애'와 '공황장애' 등은 이제 너무나 흔한 질병이 되어버렸습니다. 그중 공황장애는 유명인들의 고백으로 대중들에게 많이 알려진 정신과 질환이자 치료와 상담이 가장 많이 이루어지는 질환 중 하나라고 합니다. 그런데 아직도 우리의 인식은 '정신과'에서 치료를 받거나 '정신병원'에 다니고 있다고 하면 이상한 시선으로 바라보거나 그 사람에 대한 태도를 바꾸는 경우가 많습니다. 그러면 그럴수록 사람들은 말하길 꺼리고 숨겨서 병을 더 키우게 됩니다.

우리나라는 눈부시게 빠른 성장을 이루었고, 기적이라고 불릴 만큼 놀라운 변화를 거듭했습니다. 그러나 여러 분야에서 '아직 완전한 선진국은 되지 못했구나'라는 생각이 듭니다. 그중 가장 많은 부분이 의식 수준에 대한 부분이며, 경제적으로는 선진국의 축에 들지 몰라도 그에 비해 의식 수준 부분에 있어서는 빈곤 국가라 해도 과언이 아닙니다. 나라가 발전한 만큼 국민의 의식 수준도 발전해 완전한 선진국이 될 수 있었으면 좋겠습니다.

· 이준서(17세) ·

빈곤의 종류 중 영혼의 빈곤에 대해 생각해보았습니다. 저는 영혼을 물질적인 것으로 채워지지 않는 무언가라고 정의내리고 싶습니다. 그래서 영혼의 빈곤을 겪는 사람은 아무리 비싸고 좋은 물건을 사도 만족하지 못하는 사람입니다. 그래서 돈은 넘쳐나는데 설명할 수 없는 허전함에 시달리게 되지요. 그래서 극단적으로 폭력성을 드러내거나 비상식적이고 몰상식적인 행동을 하기도 합니다. 어쩌면 물질적 빈곤보다 영혼의 빈곤이 더 무서운 것일 수 있습니다.

영혼의 빈곤을 없애기 위해서는 정신적인 만족감이 필요합니다. 예를 들면 사랑이나 우정 같은 것입니다. 가족들과 함께해서 얻는 심리적 안정감, 친구들과 함께하며 느끼는 따뜻함. 이런 것들을 충분히 느낀 사람들이 사치스럽게 더 비싸고 더 화려한 물건에 목을 매게 될까요? 오히려 돈을 아껴서 가족과 친구를 위해 쓰고 그들과 함께 하는 시간을 확보하기 위해 더 노력할 것입니다.

삭막한 경쟁의 시대. 그로 인해 상처받는 것은 가난으로 멍든 사람들이기도 하지만, 돈을 많이 벌고도 전혀 아름답게 살지 못하고 행복하지 않은 대다수의 사람이기도 합니다. 아니 내가 먼저 사랑이 넘치는 사람이 되고 싶습니다. 영혼의 빈곤을 해결하는 방법은 그것뿐이기 때문입니다.

· 허민성(18세) ·

극심한 불평등이 문제인지 알면서도 왜 해결되지 않을까요? 그 이유가 여유의 빈곤 때문이라고 생각합니다. 어떤 실험에 대한 영상을 본 적이 있습니다. 그 내용은 '착한 사마리아인' 이야기의 전달 여부에 따라 도움에 적극적이게 되는가를 측정하는 실험이었는데요. 실험의 결과는 놀랍게도 타인을 돕는 본성에 대한 이야기인 '착한 사마리아인' 이야기를 듣고 안 듣고는 다른 사람을 돕는 행위에 별로 중요한 요인이 아니었습니다. 오히려 마음의 여유가 있는 사람이 다른 사람을 돕는다는 결과가 나왔지요.

이 실험의 결과처럼, 대부분의 사람이 어려운 사람들을 도와야 한다는 것을 알고는 있지만, 실제 행동으로 옮기지 못하곤 합니다. 그 이유는 "내 코가 석자인데"라는 마음 때문이지요. 내가 먹고살기 바쁘면 주위를 둘러볼 시간도 없습니다. 빠르고 바쁜 삶을 살고 있는 현대인들이 다른 사람을 이해하고 배려하지 못하는 이유는 그것 때문이지요.

하지만 정말 일분일초가 바빠서, 시간이 없어서 도움을 주는 선택을 하지 못하는 것이 아닙니다. 그것은 마음의 빈곤 때문입니다. 그렇기에 우리에게 필요한 것은 마음의 여유를 갖는 것, 나의 이익을 채우기 위해 조급해하는 마음을 비우는 것이라고 생각합니다. 우리 삶이 그렇게 바쁘고 빠르기만 하다면 결코 행복해질 수 없다는 것을 깨닫는 것이 우리 사회 만연한 고통을 해소하기 위한 방법이지요.

· 양서영(16세) ·

제가 생각하는 빈곤의 또 다른 의미는 자아성찰의 빈곤입니다. 하루 동안 자기 자신에 대해 돌아보는 시간이 얼마나 될까요? 자신이 좋아하는 것이 무엇인지 생각해보는 시간은 또 얼마나 될까요. 시간이 없다는 이유로 진심으로 생각해보지 않은 채 꿈도 꾸지 않고 그저 짜여진 대로 살아가는 것은 잔인한 일입니다. 생각하기만 해도 기뻐지는 장소, 사람, 물건, 미래가 있다는 사실이 그 무엇보다도 중요한데 말이죠. 이것으로부터 받는 행복은 얼마나 클까요, 이것이 없는 사람의 삶은 얼마나 황폐할까요. 자존감의 부재에서 오는 외로움이나 허탈감이 행복함과 거리를 차츰 멀게 하는 것이 아닐까요? 그것은 개인의 불행을 초래할 뿐만 아니라, 이 세계의 진실을 보지 못하게 하는 비극을 낳기도 합니다.

내가 좋은 사람이 되고 싶고, 내가 행복한 사람이 되고 싶은 사람은 분명 이 세계의 진실에 눈감지 못합니다. 우리 사회가 이토록 극심한 불평등에 시달리고 있는 이유는 바로 자기 자신에 대한 배려가 없기 때문이라고 생각합니다. 우리에게 필요한 것은 바로 이것입니다. "과연 나는 인간다운 삶을 살고 있는가?"라는 물음을 던지는 것. 존엄한 인간으로 살고 싶은 가장 근원적인 질문을 포기하지 않는 것. 그것이 우리 시대에 만연한 빈곤을 극복할 수 있는 가장 중요한 작업입니다.

# 3

## 우리는 어떻게 세계를
## 바꿀 것인가?

우리가 살고 있는 시대를 세계적 관점과 인문적 관점, 사회경제적 관점에서 분석하다 보면 대부분의 문제가 아주 오래전부터 지구 반대편에서 시작되었다는 것을, 마찬가지로 지금 우리의 선택들이 지구 반대편까지 영향을 미치는 시대에 살고 있다는 것을 알게 됩니다. 또한 너무 거대하고 단단해서 그 구조를 이해하기 어려웠던 불공평의 실체도 어렴풋이 느낄 수 있었지요. 이렇게 오랫동안 많은 사람들이 고통받을 수밖에 없는 구조가 유지되고 있다는 것이 이상했고 신기했고 억울하기도 했습니다. 왜 논란 속에서도 현실은 달라지지 않고 불공평한 모습 그대로일까요?

교육이든 경제든 정치든, 커다란 문제들부터 먼저 생각하면 가슴이 막혀오고 눈앞이 캄캄할 뿐이겠지요. 너무 큰 문제이기에 '내가 하는 행동이 과연 무엇을 변화시킬 수 있을까?'라는 생각도 들고요. 하지만 책을 읽으니 대단한 것이 아니라도 무엇인가 하나를 변화시킨다면 더디지만 큰 문제 또한 해결될 것 같다는 생각이 들었습니다. 많은 사람이 우리 모두는 하나의 사회 속에 있으며, 결국 우리의 이익을 위해서는 가장 높은 곳의 사람부터 가장 낮은 곳의 사람까지 모두 함께해야 한다는 것을 알게 된다면 혁명적 변화로 이어질 수 있다고 생각합니다.

혁명은 항상 무엇이 한쪽으로 지나치게 치우쳐졌을 때 일어납니다. 종교개혁, 르네상스, 프롤레타리아 혁명 모두 그러했지요. 우리가 읽었던 책들은 우리에게 지금 그러한 때가 왔다고 말하는 것 같았고, 따라서 어떤 형태이든 무언가로 변해야 한다는 당위성을 느꼈습니다. 『가난한 사람들이 어떻게 자본주의를 구하는가?』에는 페이지마다 오른쪽 구석에 작은 씨앗들이 그려져 있었습니다. 책장을 넘기는 동안 물뿌리개가 나타나고, 물뿌리개에서 나온 물은 씨앗에 물을 줍니다. 책의 마지막 장이 다가올 즈음 씨앗들은 꽃을 피워냈지요. 풀뿌리 경제학, 지극히 작은 자들로부터 시작되는 희망 등 책에서 이야기하고 있는 내용이 아주 간략하게, 하지만 모두 담겨 있는 그림이었습니다. 비록 완벽하지는 않았지만 우리가 지금까지 여러 책을 통해서 경제적 불평등을 초래한 지점들과 또 그러한 것들이 미치는 영향들에 대해서 공부했습니다. 그렇다면 우리가 이 문제를 이해하고 해결하기 위해 어떤 노력을 할 수 있는지 묻고 싶습니다.

# 우리 시대의 질문

· 박경민 (18세) ·

중학생 때 모로코에 간 적이 있습니다. 가죽공장의 비둘기 똥 냄새가 아주 지독했고 길거리엔 관광객들이 주는 음식을 받아먹으며 떠돌아다니는 또래의 아이들이 많았죠. 모로코에서 하루를 머물고 다시 스페인으로 가기 위해 항구로 향하는 버스에서 아주 기이한 경험을 했습니다. 달리는 버스가 갑자기 덜커덩거리고 버스 안에 같이 있던 일행들이 소리를 지르며 일제히 창밖을 보았어요. 무슨 일인가 싶어 저도 창문을 내다봤는데 아이 3명이 달리는 버스에 매달려 있는 것이었습니다. 그리고 버스 뒷바퀴 뒤쪽의 공간과 밑바닥으로 들어갔습니다. 그들이 목숨을 걸고 그렇게 하는 이유는 지브롤터 해협을 건너 스페인으로 가기 위해서였습니다. 그들이 사람들에게 걸리지 않고 배를 타 스페인에 도착한다면 그 뒤론 스페인 정부에서 그들이 성인이 될 때까지 복지지원을 해준다고 합니다. 하지만 걸리는 일이 대다수고 밀입국하는 과정이 아주 위험합니다. 어떤 아프리카 난민들은 헤엄을 쳐 스페인으로 가기도 한다고 해요. 그렇게 밀입국을 하다 목숨을 잃기도 하지요. 그런데도 매년 아프리카 전역의 수많은 난민이 위험한 밀입국을 시도합니다.

무엇이 그 어린아이들을 바다로 내몰았을까요? 생각해봐야 하는 문제였습니다. 아프리카의 어디서든 볼 수 있다는 기아. 사회학자 장 지글러의 말에 의하면 아프리카의 기아는 서구의 탐욕이 불러낸 비극입니다. 유럽의 값싼 농산물 때문에 아프리카 농부들의 농산물은 팔리지 않습니다. 그로 인해 기아는 날로 증가하고, 양극화 현상이 심화된다고 합니다. 역시 돈이 우선시되는 자본주의의 산물입니다. 정치경제학자 토마스 맬서스는 기아를 자연도태설로 합리화했습니다. 인구 증가 속도가 식량 증가 속도보다 빠르기 때문에 인간 스스로 잉여 인간을 만든 것이라는 주장이지요. 그렇기 때문에 기아는 세계를 위해 필수적인 요소라고 했습니다. 이 주장은 어이없게 들리지만 자본주의와 실제 다를 것이 없습니다. 프랑스 출판인 뤼시앵 세브의 "우리는 지금 모든 측면에서 '인간적으로' 사는 것이 불가능한 세계를 향해 가는 것은 아닐까?"라는 질문을 절실하게 되물어야 하는 시대입니다. 우리가 창조한 물질적 생산물들이 우리 위에 군림하는 사회에서, 방향을 잃어버린 사람들의 집단 속에서 살고 있는 우리는 언제까지 인류의 미래에 무관심할 수 있을까요?

· 성지민(18세) ·


기아 난민들의 위기는 완전히 침묵 속에 묻혀 있다. 아무도 막다른 골목에 있는 그들을 도우려 하지 않는다. 오직 통계 수치만이 그들의 일상적인 비극을 말해줄 뿐.
   - 장 지글러, 『르몽드 인문학』 중에서


학교 세계지리 시간에 인구이동에 대해 배우는데, 18~19세기의 서양 사람들이 아프리카를 자기들끼리 땅따먹기 게임하듯 나눠 먹고 아시아의 국가들도 하나하나 건드리는 것을 보며 화가 났습니다. 사람을 사람으로 보지 않고, 자신들의 소유물처럼 마치 누가누가 더 많은 땅을 가지고 있나 내기하는 것처럼 보여 유치했죠. 더 화가 나는 것은 지금 이 모든 것들을 당연하다고 느끼는 선진국 사람들과 우리의 마음가짐입니다. 전 세계에 만연한 기아와 고통에 우리는 아무 관련이 없다는 듯이 말이지요.

한국도 다를 바 없습니다. 열심히 일해도 여유롭게 살 수 없는, 맥도날드에서 뼈가 빠지도록 일해도 맥도날드 햄버거도 사 먹을 수 없는 현실은 안타까운 것입니다. 이제는 돌이킬 수 없는 상황까지 가버린 것은 아닐까 두려움도 들었습니다. 능력과 노력이 아닌 자기의 힘으로 바꿀 수 없는 선천적인 것들로 결정되는 이 사회는 반드시 변화가 필요합니다. 하지만 어떤 식으로 어떻게 바뀌어야 할지는 아직 의문입니다.

『르몽드 인문학』을 참고하면 한때는 전 세계 인구가 2~3억 명만 돼도 심각한 식량 문제가 발생할 거라 예상했다고 합니다. 그러나 지금은 70억 명의 사람들이 지구에서 살고 있죠. 생각도 할 수 없던 일들이 막상 그 시기가 닥치고 나면 나름 괜찮을 수도 있다는 것을 이 부분을 보며 느낄 수 있습니다. 그러니 제일 중요한 태도는 무엇이든 당연시 여기지 않는 것입니다. 사느라 바빠 이런 일들을 해낼 시간이 없고, 바꾸려고 노력해봤자 어떻게 할 수 없다는 것은 사실이 아닙니다.

억압받는 모든 사람들이 왜라고 말하기 시작하면 어떤 압제적 명령도 통하지 않을 것이다.
- 파울루 프레이리, 『르몽드 인문학』중에서

기득권층들은 서민들이 똑똑해지는 걸 원치 않는다는 말처럼 우리가 '왜'라고 묻기 시작하면 이 모든 것들을 새로운 시선으로 바라볼 수 있게 됩니다. 아직은 제가, 우리가 원하는 미래의 모습이 어떤지 잘 모르겠습니

능력과 노력이 아닌 자기의 힘으로 바꿀 수 없는 선천적인 것들로
결정되는 이 사회는 반드시 변화가 필요합니다. 케테 콜비츠, 〈독일
어린이의 굶주림〉, 1924

다. 하지만 우리가 지금 처한 상황을 당연한 거라고 생각하지 않으면서 어떻게 변할 수 있을까 생각해본다면 우린 우리도 모르는 사이에 좋은 방향으로 나아가고 있을 것입니다.

· 노태경(17세) ·

과연 우리는 빈곤 문제를 제대로 알 수 있을까요? 통계가 제시하는 숫자로 빈곤을 이해하는 것은 불가능하고 멀게만 느껴집니다. 아프리카와 같은 제3세계에만 존재할 것 같은 기분 말이지요. 하지만 우리나라에도, 다른 선진국에도 빈곤은 존재합니다. 전체 사회는 잘살게 되어도 왜 여전히 가난한 사람들이 존재하는지 이유가 궁금해졌습니다. 복잡하고 실질적인 이런 문제를 해소하기 위한 구체적인 방안은 누가 고민하고 있는 걸까요?

## 세계를 바꾸는 교육

· 김기환(17세) ·

흔히 가난은 대물림된다고 합니다. 왜 가난은 세대를 넘어서 이어지는 걸까요?

> 그들은 인지기능까지 떨어뜨릴 수 있는 경제적 스트레스에 지속적으로 노출될 가능성이 매우 높다. 이러한 정신적 문제는 사람들을 무기력하게 만들어 영원히 빈곤해서 헤어나지 못하도록 하는 악순환의 고리가 되곤 한다.
>
> - 존 호프 브라이언트, 『가난한 사람들이 어떻게 자본주의를 구하는가?』 중에서

자본주의는 경제적 부유함에 따라 층위를 나누는 경제구조입니다. 브라질의 경우, 상위 1%가 전체 농지의 45%를 가지고 있고 하위 40%가 가진 농지는 1%밖에 되지 않는다고 합니다. 브라질뿐만 아니라 전 세계적인 빈부격차가 이제 한계에 다다른 것이 아닐까요?

그런데 가난을 끊어내기 위한 방법이라고 알려진 교육은 돈이 없기 때문에 점점 더 시키기 어려워지고 따라서 가난을 끊을 기회는 점점 줄어듭니다. 빈곤층은 돈이 생기면 교육보다 생필품을 사야 하니까요. 우리나라에서도 '개천에서 용 난다'는 말은 이제 낙타가 바늘구멍을 통과하는 것만큼 너무 어려운 말이 되었습니다. 정말 자본주의 내의 평등을 원한다면, 좋은 대학이 높은 연봉으로 직결되는 것이 아닌, 자신의 능력이 높은 가치로 평가되는 사회의 시스템을 만들어야 합니다.


· 김은비(17세) ·

학교에서도 차별이 존재합니다. 공부 잘하는 아이들을 우선하고, 전교 석차대로 장학금을 주고, 공부를 잘하는 아이들의 비교과활동으로 탄탄히 다져진 생활 기록부를 만들어주기 위해서 우리가 느낄 수 있을 만큼 '뭔가 낌새가 느껴지는' 상을 주죠. 경제구조와 마찬가지로 이러한 구조는 딱딱한 콘크리트 같은 느낌입니다. 계층 간 이동이 없으며 끊임없이 세속됩니다.

이 딱딱한 구조를 조금이라도 바꿀 방안을 생각해봤습니다. '풀뿌리 교육제도'를 만드는 것입니다. 일단, 점점 대학입시와 연관이 커지고 있는 고등학교 입시부터 바꿔야 합니다. 먼저 특수목적고등학교(이하 특목고)와 자율형사립고등학교(이하 자사고) 등에 '풀뿌리 장학금'을 만듭니다.

경제적으로 풍족하지 않은 아이들에게 학비를 제공하는 것이지요. 이 장학금 속에는 초등·중학교의 방과 후 수업처럼 학교에서 제공되는 교과목 관련 특강을 들을 기회가 들어 있으며 입학 성적과 비교해 2학기 이상 성적이 일정한 퍼센트 이상 하강한다면 학비 제공 비율을 줄입니다. 기회는 평등하게 제공하되 그 다음은 개인의 노력에 달려 있는 것입니다.

단순히 특목고를 폐지하느냐 마느냐, 교육을 하향 평준화하느냐 마느냐의 문제가 아니라 '경제적·사회적 불평등이 깊숙이 뿌리박혀 있는 학교를 어떻게 하면 다시 되돌릴 수 있을까?'의 문제라고 생각합니다. 지금의 자사고, 특목고가 논쟁거리가 되는 이유는 학교의 구조 그리고 입시제도의 구조가 권력화, 계급화되었기 때문입니다. 개인적인 생각이지만 저는 단순히 자사고나 특목고를 폐지하는 방식으로 이어져서는 안 된다고 생각합니다. 일반고의 수준을 올리되 자사고나 특목고의 본래의 취지를 살리는 정책을 동시에 시행해 특성화 고등학교처럼 완전히 어느 한 부분에 '특수한' 인재를 길러내는 것입니다. 그렇게 된다면 고등학교를 선택하는 과정이 성적이나 금전적인 문제에 치우치지 않고 진로에 맞추어지지는 않을까요?

교육이 되었든, 사회가 되었든 불평등한 상황에 분노하고 먼저 움직여야 하는 사람들은 피해를 받는 쪽이 아니라 이익을 받는 쪽이 되어야 한다고 생각합니다.


오늘날 우리는 정당하게 승부하지 않는 사람에게 분노하지 불평등에 분노하지 않는다.
- 래리 M. 바텔스, 『불평등 민주주의』 중에서

처음에 '왜 사회는 불평등할까?'라는 질문에서 시작된 생각들은 경제, 정치, 교육을 거쳐서 모든 곳에서 불쑥불쑥 나타나고 있어요. 오늘날 우리는 개인적 이익을 위해서 불평등과 같은 공공의 문제에 움직이지 않습니다. 그러나 문제를 해결하기 위해서는 한 개인의 변화가 아니라 그냥 전반적으로 모든 것이 변화해야 할 것입니다. 그렇다면 그 시작은 어디가 되어야 할까요? 그 시작은 교육이 되어야 한다고 생각합니다. 교육은 사람을 변화시키고, 그 사람이 다시 사회를 바꿀 것이기 때문입니다.

## 부정과 불평등 바로잡기

· 이승현(18세) ·

빈곤한 사람들에게 부족한 것이 무엇일까요? 『가난한 사람들이 어떻게 자본주의를 구하는가?』에 따르면 첫째, 자신감과 자부심, 둘째, 롤 모델과 환경, 셋째, 포부와 기회라고 합니다. 반대로 이 세 가지를 충족시키면 빈곤한 사람들도 성공적인 삶을 살아갈 수 있다는 말이죠. 그러나 그 기초가 되는 학교는 오직 입시에만 매달립니다. 공부하며 보낸 12년 동안의 삶은 대학교의 이름으로 분류가 됩니다. 등급이 매겨지는 소처럼 말입니다. 그리고 기업들도 꿈과 비전보다 학력을 원합니다. 이런 상황에서 앞에 말한 세 가지 요소가 여전히 작용할까 의문이 들었습니다. 또 만약 대학을 잘 갔다고 하더라도 해결되는 문제도 아닙니다. 원하든 원하지 않든 겨우겨우 대학을 졸업한 우리 중 일부(혹은 대다수)의 이름은 비정규직 노동자이기 때문입니다. 특히 OECD국가 중에서 저임금, 임시 고용 비율, 연간 노동시간 모두 높은 우리나라에서 말입니다.

모든 사람이 다 리더나 창업자가 될 수는 없습니다. 누군가는 노동자가 되어 일을 같이 해나가야 하는데 그런 조건들이 전혀 갖춰지지 않은 것 같습니다. 누군가는 너희가 잘해서 임금도 딱딱 지켜주고 정규직이 대부분이고 노동시간도 알맞게 하는 기업을 만들면 되지 않느냐고 묻겠지만 현실에서는 대기업이 모든 자본을 쥐고 있고 소소한 영역마저 빼앗아 갑니다.

이런 힘든 상황 속에서 이를 극복하기 위해 젊은 우리 세대가 영향력 있고 의식 있는 사람이 되는 것, 주어진 투표권을 제대로 쓰는 것이 물론 중요합니다. 그리고 정의로운 세상을 위한 노력을 할 의무가 있고 지금 사회의 전체적인 흐름을 바꿔야 할 책임을 갖고 있습니다. 하지만 이런 변화를 짊어진 우리를 지켜보는 어른들의 변화도 필요합니다. 어른들은 자신들이 살아온 삶에 대한 반성은 하지만 만들어놓은 세상에 대해서 무책임하고 자신들은 바꿀 수 없다고 말합니다. 그러나 우리들이 하지 못하는 투표를 할 수 있고 몇십 년 일한 곳에서 우리보다 영향력 있는 말을 할 수 있습니다. 그런 어른들의 노력이 더해진다면 빈곤하지 않은 사회로의 변화가 더 빨리 이루어질 것입니다.

· 김은비(17세) ·

모두를 위한 자본주의는 가능할까요? 어떻게 이 단단하고 견고한 구조를 모두를 위한 것으로 바꿀 수 있을까요? 먼저 우리가 가장 먼저 해야 할 것은 가난한 사람들에 대한 인식을 바꾸는 것이라 생각합니다. 가난은 어디서부터 오나요? 그 사람들이 게을러서? 성격이 나빠 사회생활을 제대로 할 수 없기 때문에? 그렇지 않습니다. 가난 중 대부분은 세습되는 경우가 많습니다. 현재 자본주의 체제 속에서 세습된 부를 스스로의 노력으로 따라잡기는 힘들기 때문이지요. 경제적 지위 상승 기회의 부재는 많은 사람에게서 희망을 빼앗아 갔고 결국 아무것도 변화시키지 못했습니다. 그렇기에 변화의 희망을 쥐고 있는 자들은 바로 가난한 사람들, 즉 경제학적 구조에서도 아래층을 차지하고 있는 빈곤층이라고 생각합니다.

다음, 빈곤한 계층이 많아지는 것을 우리 모두의 문제로 생각할 필요가 있습니다. 그들을 외면하고 우리만의 천국을 지켜 나가는 것은 패배로의 지름길입니다. 자신의 이익과 공동체의 이익을 함께 생각하기 위해서 앞서 얘기한 선한 이기심이 필요합니다. 공동의 이익이 결국 자신의 이익으로 이어진다는 것을 알아야 합니다. 우리는 사회의 일원이고, 어떠한 방법으로든 사회와 관련을 맺고 있으며 그 속에서 나 혼자 이익을 취한다는 것은 이루어질 수 없는 일입니다. 즉 사회의 발전과 이익을 위해 투자한다면 결국 나에게도 그만큼의 이익이 돌아온다는 것을 빨리 깨달아야 합니다.

· 한희주(18세) ·

경제 개념에 대해서 물어보면 대부분의 경우 잘 모릅니다. 따라서 사람들에게 금융, 경제에 대해 더 쉽게 접근할 수 있는 기회를 제공하고 어릴 때부터 교육프로그램을 통해 교육하는 것은 자본주의 사회에서 발생한 문제를 파악하고 해결하는 데 중요한 지점일 것입니다. 우리나라도 요즘엔 초등학생들에게도 쉬운 경제 수업이나 프로그램이 많이 생긴 것으로 알고 있지만 충분하지 않습니다.

학교에서도 청소년들 스스로 리더가 되기 위해 역량을 갖추도록 제도를 만들어야 합니다. 솔직히 어떻게 한국 사회에서 새로운 성공이 가능한지 별로 들어보지 못했습니다. 안정적인 직업에 대해서만 들어왔죠. 말콤 글래드웰의 연구에 따르면 공동체 구성원의 5%만 긍정적인 롤 모델이 될 수 있다면 해당 공동체는 안정적이라고 합니다. 우리는 학교와 지역사회에서 그 수를 늘릴 수 있도록 노력해야 합니다.

부디 우리 사회에서 소외층과 연대하는 희망 프로젝트들이 시작되었으면 합니다. 그것은 희망과 꿈, 미래의 번영을 모두가 공유할 수 있는 상식적인 통로를 재건하는 것입니다. 우리 각자가 당장 시작할 수 있는 일들도 있고 그렇지 않은 것도 있지만, 모든 것이 결국엔 한 사람으로부터 시작하는 것입니다. 그 한 사람이 누가 될 것인지는 결국 그 사람이 결정하는 것이겠지요?

# 4

## 자발적 복종을 넘어
## 자유로운 인간으로

· 인디고 연구소(InK) ·

독재자의 권력이란 그 권력에 종속된 다른 모든 이들이 그에게 건네준 힘일 뿐이다. 다른 모든 이들이 독재자를 참고 견디는 한, 그의 권력이 부리는 횡포는 계속될 것이다.

– 에티엔 드 라 보에시, 『자발적 복종』 중에서

과거 왕과 귀족들에게 복종했던 삶에 비교한다면, 오늘날 우리는 분명 자유로운 정치구조 속에 살고 있다. 하지만 실제로도 우리가 자유로운 시민이라고 말할 수 있을까? 16세기 프랑스 재판관이자 철학자였던 에티엔 드 라 보에시는 권력에 자발적으로 복종하는 시민들을 고발한다. 힘이 센 사람과 일대일로 대결하는 것이라면 이길 수 없는 것은 당연하지만, 수천수만 명의 사람이 소수 몇몇 사람에게 이기지 못하는 것은 단순히 '비겁'하기 때문이라고는 설명할 수 없는 이상한 점이 있다는 것이다. 즉, 세상의 모순이 고쳐지지 않는 것은 힘이 센 한 두 사람 때문이 아니라, 그에 저항할 수 있는 수많은 사람이 스스로 권력에 복종하기 때문이다. 라 보에시의 '자발적 복종'에 대한 설명은 오늘날에도 그대로 적용이 된다. 『자발적 복종』의 역자 목수정 씨는 '대한항공 땅콩 회항 사건'에서 대한항공사 임직원의 부당한 처사를 고발하고 자신의 권리를 찾아야 하는 기회에 침묵하는 직원들의 모습이 바로 '자발적 복종'이라 말했다. 그들의 침묵에서 왜 이제까지 비도덕적인 회사의 만행이 드러나지 않았는지를 알 수 있다.

라 보에시는 자발적 복종은 '자유의 망각'에 의해 일어난다고 말한다. 한 인간으로서 자유롭고 존엄하게 살겠다는 의지를 잃어버렸기 때문이라는 것이다. 자유를 잊어버렸기에 우리는 이토록 맹목적인 경쟁 사회를 견딜 수 있고, 비인간적인 '갑을 관계'에도 수긍하며, "나만 잘 되면 된다"는 믿음으로 이기적인 선택을 하고, 공적인 일에 무관심해도 괜찮은 것이다.

자유를 망각하게 되는 데는 교육과 언론이 큰 역할을 하고 있다. 드라마나 영화 같은 이야기들을 통해, 언론과 광고, 이미지를 통해 강자의 논리, 자본의 논리가 세상을 움직인다. 수동적인 태도를 고수하기를 가르치는 교육은 그에 문제제기를 하지 못하게 만들고, 그렇게 우리는 자유를 망각 또는 아예 그 느낌조차 획득하지 못하게 한 것이다. 우리는 내면의 깊은 곳에서부터 자본과 강자의 논리를 따르는 것이 우리의 자발적 선택이라는 환상을 갖게 되었는지도 모른다.

바야흐로 자유롭고 존엄한 인간으로서 목소리를 내는 것도, 내가 조금 손해 보더라도 공공의 이익을 위해 일하는 것도, 자본의 편이 아니라 인도주의의 편에 서는 것과 같은 일들이 비합리적이며 불가능해 보이는 시대가 되어버린 것이다. 그리고 우리가 이렇게 자본과 권력에 굴복할 때, 우리 일상 속에서의 삶은 아수라장이 된다. 서로를 혐오하는 문화가 대한민국 사회를 휘감게 된 것이 바로 그 대표적인 모습이다.

## 서로를 혐오하는 나라 지옥이라 불리는 나라

자유를 망각한 사회에서는 비인간적이고 비윤리적인 모습들이 곳곳에서 발현된다. '헬조선, 극혐, 여혐, 남혐, 맘충, 김치녀, 된장녀, 김여사….' 이는 모두 특정 대상을 혐오하는 뜻을 담은 단어들이다. 최근 우리 사회는 이렇게 누군가를 혐오하는 현상이 팽배하다. 이런 일부 누리꾼들은 평소 생활세계에서는 용인되지 않을 비윤리적 언사들을 공공연하게 자행한다. 그렇지만 이들을 '익명성'이라는 가면 뒤에 숨은 비겁한 사람들이라고 치부하기에는 지나치게 집단적임을 알 수 있으며, 한순간의 분풀이로 보기에도 그 정도가 지나침을 알 수 있다. 언제부터, 왜 이런 현상이 나타나게 되었는가? 타인에 대한 혐오 감정을 드러냄으로써 자신의 인격을 높이려는 인간의 심리는 본능적인 것인가?

이에 대해 18세기 정치철학자 장 자크 루소는 반대의 의견을 내놓는다. 루소는 『인간 불평등 기원론』에서 인간 본성과 영혼에 대한 이야기를 풀어낸다. 그의 주장에 따르면, 태초에 인간은 타인에 대한 공격성이나 이기심이 없는 상태로 존재한다. 흔히 '미개인'이라고도 부르는 인간의 원형적 존재는 이성에 앞선 두 가지 본능을 갖고 있다.

첫째는 자신의 안락과 보존에 대해 스스로 큰 관심을 둔다는 것이다. 둘째는 모든 감성적 존재, 주로 동포가 죽거나 고통을 당하는 것을 보면 자연스럽게 가해자에 대한 혐오감을 느낀다는 것이다. 즉, 태생적으로 인간에게 있는 '동정심' 때문에, 굳이 교육하거나 강제하지 않아도 자연스럽게 타인에 대한 이타적인 감성을 가진다는 것이다. 그러므로 "인간은 동정심이라는 내적 충동을 억제하지 않는 한, 타인이나 어떤 감성적 존재에게 결코 해를 입히지 못할 것"이라고 말한다. 그렇지만 루소에 의하면 사회를 이루며 살아가는 인간들이 점차 타인을 의식하게 된다고 말한다. 그리고 이어서 사람들 사이에 신용과 권위의 차등이 생겨났고, '권력'과 '명성'과 '평판'이라는 단어가 생겨나며, 타인의 의견 속에서만 자신의 존재 의미를 찾으려고 하는 사람들이 나타난다. 그런 경향성이 높아질수록 차별과 불평등이 고착화된다.

다시 말해 인간은 동정심이 있는 존재이지만, 사회가 생기면서 불평등이 생겨났고 그것이 고착되었다는 것이다. 그런 불평등 속에서 인간은 태초의 자유에 대한 감각도, 타인에 대한 동정심도 잃고 불만이 쌓인다는 설명이다. 그렇다면 한국의 젊은 세대는 이러한 불평등을 어떻게 느끼고 있을까? 이들이 바라보는 한국 사회와 사람들은 어떻기에 '혐오'하지 않을 수 없게 되었는가. 이 지점에 대한 더욱 면밀한 접근이 필요하다.

혐오하는 문화는 대한민국 모든 연령대에서 문제가 되는 것은 아니다. 오히려 전체 인구 집단에 비하면 상대적으로 소수인 집단인 10~30대이다. 그렇지만 이 집단이 미래 대한민국의 원동력이기 때문

우리는 많은 생각을 하지만, 느끼는 것은 너무나 적습니다. 우리는
기계보다 인간성이 필요합니다. 병사들이여, 저런 짐승을 따르지
마십시오! 여러분은 기계가 아닙니다. 여러분은 짐승이 아닙니다.
여러분은 인간입니다! (영화 <위대한 독재자> 중에서)

에 이 집단에서 이러한 문화가 양산된다면 대한민국 전체에 영향을 끼칠 수밖에 없다. 이들의 세대적 특징을 살펴볼 필요가 있다.

이들은 본인들이 스스로 민주화 운동에 뛰어들진 않았지만 87년 이후 대한민국의 민주화의 혜택을 가장 많이 받은 세대이다. 그리고 97~98년 외환위기에 부모님이 직장을 잃게 된다든지 사업이 어려워진다든지 경제적 곤경을 겪은 세대이거나 혹은 그 이후에 태어난 세대이다. 그러니까 정치적으로는 자유를 얻었지만, 경제적 곤경이 가족의 삶에 어떤 영향을 끼치는지를 목격하면서 자란 세대인 것이다. 동시에 학벌과 좋은 취업이 생존과 성공을 보장한다는 가치관을 바탕으로 극심한 입시 경쟁에 놓여야 했던 세대이다. 그 결과 지금까지 그 어떤 세대보다 대학 진학률이 높고, 각종 스펙도 높은 세대가 탄생했다. 하지만 그렇게 경쟁의 길을 달려왔지만 심각한 청년 실업과 높은 집값 및 결혼에 따르는 비용과 아이 양육비에 대한 걱정으로 미래가 불안하고 불투명하고, 많은 것을 포기해야 하는 세대가 되었다. 공부만 열심히 하면 미래가 잘 될 것이라고 앞만 보고 달려왔지만 실제로 현실의 벽 앞에 좌절하고 절망하는 이들인 것이다.

이들이 왜 서로를 혐오하게 되었는가를 이 세대가 겪고 있는 생애 주기별 우리 사회의 모습과 비교해보면, 오히려 서로와 이 사회에 대해 '좋은 감정'을 갖기가 참 어렵다는 것을 알 수 있다. 어린 시절부터 좁은 자리를 향한 경쟁 속에 서로가 서로를 적으로 인식해야 했고, 물질적으로 빈곤하다고 말할 순 없지만, 미래가 불안정한데 어떻게 감정이 안정적일 수 있겠는가. 이전 세대에는 '독재'라는 명백한 악에 대해서 분노를 터트릴 수라도 있었지만, 지금은 어디에 '분노'해야 할지 모른 채 서로 '혐오'하는 형국이 되었다.

'경쟁'은 때로는 서로의 발전을 도모할 수 있게 하는 긍정적인 작용을 하지만, 실패에 대한 보장이 없는 상태에서 '경쟁'은 이미 불평등한 시스템 속에서 불만을 서로에게 전가하는 역할을 한다. 개개인이 성공하지 못하는 것을 옆의 경쟁 상대 탓으로 인식하기 때문이다. 그리고 그 경쟁에서 도태된 이들은 혐오의 대상이 된다. 즉, 사회적 문제에서 오는 불안과 좌절, 스트레스를 경쟁에서 패배한 이들이나 사회적 약자에게 쏟아내는 것이다. 그럼으로써 자기 존재의 의미를 발견하고 희열을 느낀다. 혐오의 대상이 여성, 아이, 노인, 장애인, 외국인 노동자 등 사회적 배려와 관용이 필요한 약자나 소수자가 되는 것은 그 때문이다. 비정상적인 혐오 감정들을 해소하기 위해선 건강한 가치의 재정립과 공동체에 대한 배움이 필요하지만, 안타깝게도 진학 문제와 취업 전쟁 등 개인의 생존 문제에 급급한 현실에서 이런 가치를 배우는 것은 어려운 일이다. 중요한 것은 결국 우리는 이렇게 서로를 혐오할 뿐 실제로 무엇이 근본적인 문제인지를 제대로 보지 못하고 있다는 것이며, 동시에 우리 바깥의 세계에서 일어나는 문제에도 제대로 된 관심을 보이지 못하게 된다는 것이다.

한 사회의 미래는 그 사회를 살아가는 젊은 세대에 달려 있다. 그런 세대가 느끼는 우리 시대의 모습에 대해서 10명 중 9명이 "경쟁이 지나치고, 해야 할 것이 많으며, 피곤한 시대"라고 평가했다. 그리고 현재의 청년 세대를 떠올릴 때의 이미지에 대해 응답자의 68.1%가 "안쓰럽다"라고 답했다. 반면에 이 조사에서 20대의 71.2%가 "청년 세대가 정치에 참여하지 않으면 세상은 나아지지 않는다"고 답했다. 다시 말해 청년 세대는 지금 벼랑 끝에 몰려 있으며, 이 같은 현실을 인식한 청년들이 늘어나는 것으로 보인다. 따라서 사회를 향해 자신의 목소리를 내는 정치적 참여가 필요하다고 느끼는 청년들도 많아지고 있다. 그렇다면 우리는 어떤 세계를 꿈꿔야 하는가.

## 정의란 무엇인가

오늘날 한국의 문제를 초래한 원인 중 하나가 맹목적인 경제성장의 추구가 아닐까? 군사독재 시절 이래로 한국 사회는 민주화가 되고 많은 것이 변했지만, 여전히 변하지 않은 것은 경제성장을 우선시한다는 것이다. 그 결과 한국은 외형적으로는 잘살게 되었지만, 실질적으로는 못사는 나라가 되었다. 실제로 국내총생산에만 초점을 맞추는 경제성장에 대해 프랑스의 경제학자 앙드레 고르스는 다음과 같이 비판했다.

> 이러한 성장은 자본의 필요에만 부응할 뿐 주민의 필요에는 부응하지 않습니다. 종종 이런 식의 성장이 가난한 사람들을 더 많이 만들어내고 빈곤을 양산합니다. 또한 종종, 다수를 희생시켜 소수에게 이익을 안겨주며, 환경과 삶의 질을 개선하기는커녕 오히려 망가뜨리고 있습니다.
> - 앙드레 고르스, 『에콜로지카』 중에서

이에 대해 경제성장에서 벗어나 다른 삶의 방식을 추구하자는 '탈성장' 담론이 있지만, 다른 관점의 경제성장과 발전이 필요하다는 주장도 있다. 그것이 바로 발전을 사람들이 향유하는 실질적 자유의 확장으로 본 아마티아 센의 이론이다. 센이 말하는 자유에는 기회와 과정이라는 두 가지 측면이 있다. 먼저 사람이 얻고자 하는 최소한의 것들을 성취하는 데 주어지는 기회의 측면이 있는데, 여기에는 보건, 교육, 좋은 일자리, 안전을 누릴 기회 등이 있다. 다른 한편으로 자유에는 정치적 결정과 사회적 선택에 참여할 수 있는 과정의 측면도 있다. 예컨대 투표나 공적 논의에 참여할 수 있는 정치적 자유가 대표적이다.

그렇다면 이러한 자유로서의 발전과 1인당 산출의 증대에 초점을 맞춘 전통적인 발전 사이에는 어떠한 차이가 있고, 왜 자유로서의 발전이라는 새로운 관점이 요구될까? 먼저 소득의 증대나 더 높은 소비의 달성이라는 형태로 나타나는 전통적 발전은 정치적 결정과 사회적 선택에 참여하는 과정을 도외시한다. 그러나 이러한 과정은 발전의 수단이기도 하지만 발전 그 자체의 목표를 구성하는 중요한 부분이다. 다음으로 전통적 발전은 개인이 소중히 여길 만한 이유가 있지만, 소득의 증가와 엄격히 연결되지는 않는 기회가 존재한다는 사실을 간과한다. 센은 여러 실증적 증거를 통해 소득 수준은 "오래 살 자유, 피할 수 있는 사망을 피할 자유, 가치 있는 일자리를 얻을 자유, 평화롭고 범죄가 없는 공동체에서 살 자유와 같은 중요한 문제들에 대해서는 부적절한 안내자가 된다"는 사실을 깨달았다. 따라서 자유가 가지고 있는 과정적 측면과 기회적 측면 모두 전통적인 발전관을 넘어설 것을 요구한다.

아마티아 센은 완벽하게 정의로운 사회의 모형을 추상적인 논리에 따라 제시하려는 시도에 비판적이다. 왜냐하면, 그러한 시도는 불가능한 동시에 필요하지도 않기 때문이다. 대신 그는 누구나 동의할 수 있는 기준에 따라서 명백한 부정의를 제거해나가는 노력이 더 중요하다고 보았다. '완벽한 정의가 무엇인가'라는 확고한 기준은 필요 없지만 명백한 부정의를 가려내기 위해서는 사회를 평가할 수 있는 최소한의 기준이 필요하다. 센은 이러한 기준을 뛰어난 철학자의 치밀한 공식에서 구하는 게 아니라 대중이 참여하는 공공 토론을 통해서 구할 수 있다고 보았다. 또한, 그는 부정의한 현실의 심각성은 국민총생산과 같은 지표가 아니라 인간 존재의 삶을 탐구함으로써만 정확히 인식할 수 있다고 보았다. 특히 소외된 사람들이 고결한 삶을 영위할 수 있도록 그들의 안전과 자유를 살펴보아야 한다는 게 센의 입장이다.

## 공정한 관찰자를 중심으로

정의의 기본적 관념은 사회적 존재에게 낯선 것이 아닌데, 이들은 그들 자신의 이익에 대해 걱정하면서도 또한 가족 구성원, 이웃, 동료 시민들 그리고 세계의 다른 사람들에 대해서도 생각할 수 있기 때문이다. 애덤 스미스가 탁월하게 분석한 '공정한 관찰자'를 포함한 사고 실험은 우리들 대부분에게 떠오르는 직권적인—그리고 지배적인—생각을 정식화한 것이다.
  – 아마티아 센,『자유로서의 발전』중에서

관찰자와 당사자 사이에는 감정의 일치가 있을 수 있으므로, 무엇보다도 먼저 관찰자는 가능한 자신을 상대방의 입장에 놓고, 상대에게 고통을 주고 있는 모든 사소한 사정까지도 진지하게 느껴보려고 노력하지 않으면 안 된다. 이것이 공감의 기초이다. (…) 공감이라는 말은, 가장 적절하고 본래적인 의미에 있어, 다른 사람들의 기쁨에 대해서가 아니라 그들의 고통에 대한 우리의 동류의식을 나타내는 것이다.

　– 애덤 스미스,『도덕 감정론』중에서

아마티아 센, 그리고 애덤 스미스는 모두 인간의 내면에 있는 '공정한 관찰자'의 존재를 믿고 있다. 애덤 스미스는 시장경제의 기본 원리를 해명하면서 결코 인간의 문제를 놓치지 않았다. 애덤 스미스 연구자 도메 다쿠오는 "애덤 스미스의 독창성은 인간에 관한 기존의 폭넓은 연구를 바탕으로 경제학의 체계를 확립한 데 있다. (…) 물론 인간에게는 이기심도 있다. 하지만 이기심이 동감에서 파생되는 정의감에 의해 제어될 때 비로소 시장경제는 사회에 질서와 번영을 가져올 수 있으며, 각 개인들이 평안하게 살아갈 수 있다. 이것이 애덤 스미스의 기본 사상"이라고 말한다.

공정한 관찰자는 곧 '동감에서 파생되는 정의감'이다. 그와는 반대되는 '헬조선, 수저계급론, 세대 간의 단절, 정치와 권력의 분리, 경쟁사회, 포기세대, 무력감' 등 오늘날 한국 사회의 현상을 설명하는 말들을 듣고 있노라면 가슴이 먹먹해진다. 길게 본다면 기술 발전에 따른 사회 변화 속에서 우리 사회는 더욱 평등하고, 협력적인 공유 사회로 갈 것이고 이는 우리 삶에 많은 변화를 가져온다고 낙관할 수 있을지도 모르겠다. 하지만 지금 우리가 직면한 사회는 이상과는 거리가 멀다.

## 자유로운 인간으로 다시 태어나자

'대한항공 땅콩 회항 사건', '젊은 세대들의 혐오하는 문화', '난민 문제에 대한 우리의 태도', '설악산 오색케이블카'와 같은 사건에서 볼 수 있는 것은 우리가 우리 자신을 자유롭고, 정의롭게 만들고 우리 사회를 더 인간적인 사회로 만들어가는 집단적인 선택과 결단을 전혀 해내지 못하고 있다는 것이다.

하지만 그럼에도 세계적 차원에서 봤을 때 신자유주의와 자본주의에 맞서서 자신의 삶을 계획하고 스스로 꾸려가려는 개인들은 점차 늘어나고 있고, 이들이 만들어가는 변화의 물결이 퍼진다면 그것은 희망의 증거가 될 수 있다. 인간이 '자본'에 굴복하지 않고, 자유로워지고자 하는 투쟁을 포기하지 않는다면, 이 세계에 조금은 다른 미래가 가능하다. 이는 이제까지 역사에서 증명해 보인 바이며, 우리는 그것을 믿고 따라야만 한다.

오늘날 철저히 파편화된 개인들이 이 세계의 구조적인 문제에 눈을 뜨고 자유로운 인간으로 살아가겠다고 결심하며 전혀 다른 삶을 갑작스럽게 추구하는 일이 어렵다는 사실을 알고 있다. 하지만 숨을 고르고 일상에서 일어나는 일들을 정면으로 바라본다면, 변화는 생각보다 빨리 찾아올 것이다. 문제 상황을 직시하고 주변 사람들과 토론하고 열렬히 공부하는 것, 그 어떤 약자도 상처받지 않을 수 있는 새로운 방법을 모색하고 그 시각을 세계적인 것으로 키우는 것, 각자의 삶에 무엇이 결핍되어 있는지, 진정한 즐거움이 어디에서 비롯되는지 살피는 것이 그 노력이다. 결국 자유로운 인간, 복종하지 않는 인간의 삶은 어떤 고통을 인내하고 타인의 자유를 억압하며 이뤄지는 것이 아니라 더 많은 환희, 친절함, 기쁨, 열정과 연대의 끝에서 자연스럽게 배어남을 잊지 말아야 한다.

3부

———

My Dear 민주시민

———

우리의 모든 삶은 정치적입니다. 아침에 몇 시에 일어나고, 무슨 밥을 먹는지까지도 일면 정치적이지요. 나의 행동이 누군가에게 영향을 끼친다면, 그것이 변화를 만들어내든 세계를 고착시키든 순응하든 모두 정치인 것이기 때문입니다. 좀 더 사적인 영역이 있고, 공적인 영역이 있을 뿐 우리의 순간순간의 행동과 삶이 하나의 정치입니다. 그러나 그렇다고 해서 우리가 하는 모든 행위가 정치적인 의미를 지니는 것은 아닙니다. 새로운 사건을 경험하고, 거기서 부조리한 것을 바꾸고자 자리를 박차고 일어설 때, 그리하여 일상에선 일어날 수 없는 일에 자신을 내던지게 될 때 비로소 우리는 정치적인 삶으로 뛰어드는 것이지요. 거리에서 일어나는 촛불집회, 일상 곳곳에서 일어나는 캠페인들이 그런 것입니다.

그러나 사건은 그 자체로 변화를 의미하지 않습니다. 사건을 그냥 그 당시에 일어난 '사건'으로만 남겨버리고 계속 이어가지 않으면, 그 사건이 보여줬던 진리는 초현실적이고 낭만적인 것으로만 남기 마련입니다. 지금 구조에서 정의가 불가능하다는 사실을 말하는 것, 지금의 방식대로는 옳음을 실천할 수 없는 것을 드러내는 것, 그래서 궁극적으로 진리를 지목하는 것이 '사건'이라고 한다면, 그 사건 이후에 구조와 방식을 깨고 옳음이 가능하도록 하기 위해서는 '생각하고 행동하고 변형'시키는 끊임없는 시도와 노력이 필요합니다. 그래야만 진리가 실현될 수 있기 때문입니다. 그런데 문제는 그렇게 현재의 시스템, 사고방식, 가치관으로는 진리를 믿고 추진하기가 힘들다는 사실이지요. 학벌사회의 부조리함을 아는 사람은 많지만, 학벌사회 속에서 그것이 아닌 삶을 상상하고 선택하는 사람은 소수인 까닭입니다.

이제 우리는 고립되어 있는 사건들을 연결시킬 고리들을 마련해야 합니다. 그 고리란, 바로 일상에서의 끊임없는 진리 추구입니다. 문제의 근본에 있는 자본의 폐해와 약자의 고통을 수반하는 정치 구조의 모순을 찌르는 것이어야만 변화를 이끌어낼 수 있습니다. 우리가 일상에서 겪고 있는 무자비한 경쟁, 경제적 조건에 대한 지나친 욕망, 약자에게 무관심하고 폭력적인 사회적 분위기를 타파하는 실천이 구체적으로 어떻게 가능할 것인지 고민하지 않는다면, 영원히 문제는 해결되지 않습니다.

이 세계에서 약한 사람은 누구인가요? 그들에게 정당한 것은 어떤 것인가요? 정의란 무엇이고, 그 정의를 실현하기 위해 필요한 구조와 제도는 무엇인가요? 이런 물음이 더 많은 이들의 입에서, 우리 각자가 발 딛고 있는 더 많은 삶의 광장에서 더 힘차게 울려 퍼질 때, 마침내 틈새를 보이기 시작한 그 균열은 새로운 세계, 새로운 삶의 질서를 향한 가능성의 문이 될 것입니다. 삶의 광장에서 우연히 마주친 우리가 함께 열어젖힐 저 틈 사이로 희미하게 새어나오는 불빛을 희망이라 부를 수 있을 것입니다.

# 1

## 새로운 시대의
## 교육혁명을 꿈꾸다

대한민국의 학생이라면 누구나 초등학교 6년, 중학교 3년의 교과과정
을 이수해야 하고, 대부분 학생은 고등학교 3년 과정을 마친 뒤 대학
에 진학합니다. 지금 우리에겐 당연한 이야기이지만 일제강점기를 거
쳐 우리나라에 공교육이라는 개념이 자리 잡은 것은 불과 50년 남짓,
지금과 같은 무상교육이 실시된 것은 2000년대 이후부터라고 합니다.

특정 계층만이 고등기술이나 교육에 접근할 수 있어 교육 기능이 소
수에게만 독점되었던 과거와 달리, 근대식 교육이 시행된 몇 년간 전
국민에게 균등한 교육을 제공함으로써 국민들의 전체적 기초 교육 수
준의 질이 높아졌고 국가경쟁력이 향상함에 따라 사회는 빠른 발전을
이루었습니다.

그러나 '교육기회의 평등으로 개인의 발전과 완성을 도모하고 사회

의 발전에 기여한다'는 초기의 교육이념이 아직까지도 유효한 것인지 의문스럽습니다. 평등한 교육과정에서 학생들을 선별하고 우열을 가르기 위해 쓸데없는 평가와 기준이 덧붙여졌고, 성적 중심의 평가방식을 바꾸기 위해 시행된 정책들은 오히려 사교육을 부추기고 그 공정성에 대한 논란을 빚고 있기 때문입니다. '개인의 발전과 완성'을 도모하기에 입시 위주의 교육은 지나치게 경쟁적이고 획일적인 것 같습니다.

학교에서 친구들과 공부를 할 때면, '이런 걸 배워서 어디다 쓰냐'는 이야기가 곧잘 나옵니다. 교과서의 내용들은 알지 못해도 살아가는 데 크게 불편함이 없을, 쓸모없는 지식들이라고요. 하지만 우리나라의 교육과정은 대다수의 선진국들과 별반 다르지 않으며, 대학과정의 공부를 위해 필수적으로 알아야 하는 기초적인 내용입니다. 그럼에도 한국 학생들이 교육에 대한 부담을 크게 느끼는 이유는, 교육의 목적이 잘못되었기 때문이 아닐까요?

교육의 방향성은 그 사회의 이념과 가치에 따라 달라집니다. 민주적 가치를 지향하는 사회라면 스스로 판단하고 목소리를 낼 힘을 강조할 테고, 더불어 살아가는 사회를 꿈꾼다면 다양성을 존중하고 서로를 배려하는 관용적인 태도를 가르칠 것입니다. 하지만 지금 교육방식에 대한 논의에서는 공동체를 구성하고 변화시켜 나가야 할 개인들의 인간상에 대한 물음은 사라진 채, 다른 국가들의 교육체계를 답습하기에 급급한 것 같습니다.

"한국사는 현재의 한국 사람들이 함께 기억해야 할 선조들의 경험들로 기록된다. 그 경험은 후손들도 함께 기억하기를 바라는 경험이다.

역사는 누가 어떤 사실을 선택하여 어떻게 배열하느냐에 따라 내용이 달라진다. 역사교육은 교과서에 수록된 사실의 기억으로만 이루어지지 않으며, 교수자와 학생 사이의 열린 대화 속에서 이루어지는 비판적이고 창조적인 활동이다. 교과서는 교육주체들 사이의 대화에 소재를 제공함으로써 창조적 의사소통의 길잡이 구실을 한다. 역사를 만들어가는 주체는 과거를 기억하고 미래의 꿈을 꾸며 현재를 살아가는 개인들이다. 학생들 개개인이 자기 개인의 역사뿐만 아니라 한국사 발전의 주체임을 자각할 때 한국사 교육은 생명력을 갖게 된다."

국사 교과서의 서문에 적힌 내용입니다. 역사뿐만 아니라 학문으로 연구된 모든 교과과목에 해당하는 글이 아닐까 합니다. 공교육이 시작된 과거에는 산업화가 이루어지고 있었기에 빠른 시간 내에 노동력을 생산해야 했고, 그러기엔 획일화된 주입식 교육이 가장 효율적이었습니다. 그러나 그 교육은 이미 실패했습니다. 국가에 중대한 범죄를 일으킨 자에게 '우수한 학생'이라 칭송했던 것이 이 나라 교육제도의 실패를 증명합니다. 머리 좋고, 성실했고, 성적이 우수해 좋은 대학을 들어가 훌륭한 직업을 가졌던 이들이 저지른 수많은 부정의가 수십 년간 오로지 경쟁에서 남을 짓밟고 이기기를 요청했던 성과위주와 성적위주의 우리 교육이 빚어낸 것이라는 사실을 외면해서는 안 됩니다. 하지만 학생은 생산력 향상을 위한 수단이 아니며, 교육을 이끌어나가는 주체가 되어야 합니다. 끈질기게 물어야 할 지점입니다. 이러한 교육을 견디고 있었던 모든 이들이 양심의 가책을 느껴야 하는 대목입니다.

그러기 위해서는 '어떤 지식, 기술을 가르치고 배우는 활동'이라는 교육의 정의도 바뀌어야 합니다. 여러분에게 묻고 싶습니다. 우리는 교육을 통해 어떠한 인간이 되기를 바라고, 또 어떤 사회를 만들기를 바라나요? 결국 우리에게 교육이란 어떤 쓸모가 있을까요?

## 교육의 진정한 목표, 성장하는 인간

### · 권찬진 (17세) ·

시대가 바뀌어 융합형 인재를 요구하는 요즘, 무엇보다도 창의력이 사회를 변화시키는 가장 중요한 요소라고 생각합니다. 똑같은 것들을 배우고 비슷한 문제들을 얼마나 빠른 시간 내에 풀 수 있는가를 통해 인재를 가려내는 방식은 이제 더 이상 우리 사회에는 어울리지 않습니다. 저는 주입식 교육을 통해 길러지는 인재가 아닌, 학생이 주체가 되는 수업을 통한 주체성 있는 인재를 양성해야 한다고 생각합니다.

암기에 뛰어나 교과과목 시험 점수가 월등한 학생이 점수에 따라 자신의 흥미와 전혀 관계없이, 돈을 많이 벌 수 있어 인기 있는 학교와 학과에 진학했다고 가정해봅시다. 그 학생은 과연 자신에게 주어진 일을 소명의식을 갖고 잘해낼 수 있을까요? 저는 그렇지 않다고 생각합니다. 그저 어른들이 시키는 대로, 주는 대로 받아들였을 그 학생이 어른이 되어 사회에 나아갔을 때 자신에게 뒤따르는 책임감을 감당하기란 버거울 것입니다. 교육은 학생들이 성인이 되어 사회 속에 오롯이 홀로 섰을 때 버틸 수 있는 힘을 길러주는 것이라고 생각합니다.

또한 앞서 말했듯 세계가 사회에 새로이 등장하는 청년들에게 요구하는 것은 단순한 업무 수행능력이 아니라 창의력입니다. 국가에서는 학생들의 창의력과 주체성을 키우기 위해 토론수업, 과정 중심 수행평가 등을 대책으로 내세우고 있지만 이는 기존 수업방식이나 평가방식은 그대로 두고 추가적으로 시행하는 것이기에 오히려 학생들에게 부담감만 안겨주고 있습니다. 게다가 요즘 학생들은 시간을 많이 소요하게 하는 수행평가를 내주는 선생님을 나쁜 선생님으로 평가하기도 합니다. 공부하기에도 턱없이 부족한 시간을 수행평가에 투자하라고 하니 그런 반응을 보이는 것이 어쩌면 당연한지도 모르겠습니다. 기존의 교육방식은 학생들을 경쟁 구도 속으로 밀어 넣으며, 이렇게 이기적인 인간을 육성합니다. 이를 수정하여 적어도 학생들이 점수에 연연하지 않고 자신 있는 분야에 최선을 다하여 인정받을 수 있는 사회를 만들어야 합니다.

우리는 교육을 통해 주체적이고 창의적인 인간이 되어야 합니다. 그들이 모여 자신의 분야에 최선을 다하고 조금 더 나은 사회를 만들어가기 위해 노력한다면 우리 사회는 충분히 변화할 수 있다고 봅니다. 그러기 위해서는 우선 지금의 겉핥기식 토론수업이 아니라 제대로 된 토론식 수업과 정답 없는 시험처럼 학생들이 주체가 될 수 있는 교육이 지금의 입시제도를 대체해야 하지 않을까요?

· 권윤지(17세) ·

제가 교육을 통해 길러내고자 하는 능력은 주체적인 삶을 살아갈 수 있는 능력이라고 생각합니다. 주체적인 삶이라는 것은 꿈을 실현해 나가는 삶이라고 할 수 있습니다. 꿈을 이루기 위해 노력하고 시행착오를 겪으며 성공과 실패를 겪는 모든 과정이 가치 있는 것이고 좋은 인생을 만들어가는 과정이기 때문입니다. 꿈이 있다면 자기가 살아갈 이유가 생기는 것이고 결국 스스로의 삶에 최선을 다하는 삶을 살게 될 것입니다.

이러한 꿈을 찾기 위해서는 책상에 앉아 지금과 같은 방식으로 공부하는 것만으로는 충분하지 않습니다. 다양한 경험을 해보아야 합니다. 여행, 독서, 영화, 다양한 사람과의 만남, 공간의 이동, 시사, 미디어 등등 여러 분야에 관심을 가지고 참여한다면 언젠가는 자신의 가슴을 뛰게 만드는 그 무언가를 만나게 될 것입니다. 지금은 학생들 개인의 노력이 요구되고 있지만 언젠가는 정규 교육에도 이런 과정이 포함되었으면 좋겠습니다.

· 소진아(18세) ·

우리나라 학생들이 공부하는 복적은 대체로 자신들이 원하는 대학 진학과 취업을 위한 것입니다. 결국 치열한 경쟁구도 속에서 남보다 더 많은 물질적 풍요를 누리고, 남들의 시선이나 인정에 부합하기 위한 성공 지향적 공부를 추구하죠. 이와 반대로 진정한 공부는 자신의 삶을 풍요롭게 하는 성숙 지향적 공부입니다. 그렇다면 나는 왜 공부를 하고 어떤 공부를 하고 싶은지 스스로 질문해봤습니다.

저는 인문적 소양을 갖춘 사람으로 성장하고자 인디고 서원에서 인문학을 공부하고, 학교 동아리에서 책 읽기와 토론활동을 하고 있습니다. 제가 살아가는 세상의 구조를 이해하며, 창조적 지식인을 만나는 기회를 통해 공동의 선을 실현하려는 의지와 힘을 키우고자 합니다.

하지만 이러한 뜻과 성적 중심의 학교교육이 부딪힐 때가 많습니다. 우리 교육시스템은 입시경쟁을 위한 공부에 치중되어 있기 때문입니다. 제 기준으로 이러한 교육은 교육으로서 역할을 제대로 하지 못하는 것이죠.

교육의 목적은 대학 진학이나 취업만이 아닙니다. 더 나은 사람을 만들고, 더 나은 사회를 만드는 것이 교육의 목적입니다. 교과목시험에서 점수를 잘 받는 사람이 아닌, 사회의 한 구성원으로서 좋은 사회를 만드는 사람이 될 수 있도록 교육해야 합니다.

그러나 학교교육을 제가 전적으로 부정할 수 없는 것은 제가 세운 목표를 이루는 데 필요한 최소한의 사회적 기반을 만들어놓아야 한다고 생각하기 때문입니다. 사회적 관계에서 위치를 인정받지 못한다면 같이 살아가는 다수의 사람과 연결고리가 끊어지거나 제가 중요하게 생각하는 가치를 실현하기 어려울 것 같기 때문입니다.

## 우리에게 필요한 교육의 모습

· 조찬희 (17세) ·

우리나라 학생들에게 책은 대체로 내신 성적을 얻기 위한 하나의 도구가 되어버렸습니다. 대부분의 대학교는 독후감을 생활기록부에 많이 기재한 학생들을 원하죠. 그래서 많은 학생은 대학교에 가기 위해 책을 읽고, 독후감을 쓰기 위해 인터넷을 뒤져서 표절을 하는 등 잘못된 행동을 하기도 합니다.

우리는 왜 책을 읽어야 할까요? 『책읽기의 쓸모』에서 김영란 전 대법관님은 "책은 세상을 통해서 나 자신을 찾는 공부"라고 말씀하십니다. 솔직히 공부 대신 책을 읽으면 시간 낭비이고 다른 친구들에게 성적에서 밀릴까봐 읽지 않는 학생도 많습니다. 물론 학생들이 자습서나 문제집을 읽고 풀기도 해야 하지만, 다양한 책을 읽으며 자신을 찾아가는 것이 더 중요하고 또 그것이 자신에게 더 도움이 되리라 믿습니다.

· 민성규 (18세) ·

제가 생각하는 공부란 무언가를 알고 배우는 데 그치는 것이 아니라 배운 것을 적용하는 것입니다. '배울 학學'과 '익힐 습習'이 보여주듯 학습은 배운 것을 실생활에 적용할 수 있어야만 합니다. 단지 시험을 위한 배움이 아니라 일상에 필요한 배움이 중요한 것이죠. 현재 우리나라의 시험은 단지 얼마나 암기를 잘했는지에 대한 평가와 다를 바 없습니다. 이러한 생각을 하면서 왜 우리나라 학생들은 성적표라는 종이로 평가받고 대학에 선택당하는 상품이 되는 건지 의문이 생겼습니다. 다른 나라의 교육제도와도 많은 부분에서 차이가 나는데 이러한 입시제도가 가장 적합해서 지금 우리나라에 적용되고 있는지 궁금했습니다.

개인적으로 저는 책 읽기가 교육의 중심이 되어야 한다고 생각합니다. 책은 천천히 읽는 것에서 시작해야 하지요. 천천히 읽다 보면 저자가 전하는 메시지를 파악할 수 있고 상상력을 키울 수 있기 때문입니다. 하지만 실제 우리나라의 대다수 학생은 밤늦게까지 학원을 다니느라 책을 읽을 시간이 부족합니다. 공부로 배울 수 없는 지식을 책을 통해 배울 수 있는 만큼, 독서할 시간이 청소년에게 충분히 필요합니다.

· 서연우(17세) ·

인간은 인간답기 위해 세상의 겉과 속을 들여다보는 삶을 이어왔습니다. 그러한 행위가 인간이라는 존재가 가지는 본연적인 가치들을 만들어왔으며, 그러한 가치에 대한 믿음이 교육을 만들어냈습니다. 시대가 본질적 가치 중 무엇을 지향하느냐에 따라 교육의 방향도 달라지며 우리는 그러한 교육에 안주하기도, 불만을 가지기도 하죠.

이렇게 한 시대를 살아가는 사람들의 물음과 답이 교육의 방향을 정했다면 오늘날 우리가 마주한 교육은 '과도한 경쟁이 불가피한 교육'입니다. 이러한 교육은 보편적인 지식의 습득만을 요구하며, 교육이 만들어내는 각각의 존재들의 가난한 삶을 직시하지 못하게 합니다.

인간 존재의 가치를 실현하기 위한 교육은 지식만을 강요하는 이 사회에서는 쓸데없다고 여겨질 것입니다. 그러나 우리가 여태껏 인간이기 위해 지켜온 귀한 가치들은 바로 이 '쓸데없는' 교육에 담겨 있다고 생각합니다. 그리고 이런 가치들은 획일화된 사고를 요구하는 교과서가 아닌 타인이 들려주는 이야기일 수도, 나와 전혀 다른 시대와 상황 속에 있는 인물 이야기일 수도, 경험을 통한 내 내면의 이야기일 수도 있습니다. 시대, 상황, 사고의 방식에 따라 다양한 시각으로 볼 수 있고 그러한 다양한 시각을 인정받을 수 있는 기회가 존재하는 고귀한 교육은 쓸데없는 교육으로 분류되고 있다고 생각합니다.

『시적 정의』의 저자 마사 누스바움은 "다른 사람의 고통을 정확하게 상상하여 사려 깊게 측정하고 나아가 그것에 관여하고 또 그것의 의미를 물을 수 있는 능력은 인간의 실상이 무엇인지 알고 또 그것을 바꾸어나가는 힘을 얻는 강력한 방법"이라는 말을 했습니다. 앞에 서 있는 타인을 이해하고 그들의 이야기에 동감하는 양심적인 청자로서 태도가 연대를 실천하는 교육의 모습이라고 생각합니다. 이러한 교육이 인간의 본성을 깨울 것이며 나아가 인간이 가진 숭고함의 물결이 살아있는 가치 또한 깨울 것이라고 믿습니다.

# 교육이 만들어갈 더 나은 사회

· 김민성(17세) ·

인간은 모두 교육을 받습니다. 태어날 때부터 죽을 때까지 한 사람을 만드는 것은 교육이라고 해도 과언이 아닙니다. 그런데 오늘날 성인이 되기 전에 받는 공교육은 백년대계가 아니라 대학 진학이나 취업만을 위한 교육에 가깝습니다. 대학을 가기 위해 필요한 내용을 공부하고, 학교에서도 공부 잘하는 아이들만을 모아 따로 교육하고, 조금이라도 더 대학 진학에 유리한 생활기록부를 만들기 위해 내용을 부풀려서 작성하기도 합니다.

그러나 교육의 목적은 대학 진학이나 취업만이 아닙니다. 더 나은 사람을 만들고, 더 나은 사회를 만드는 것이 교육의 목적입니다. 교과목시험에서 점수를 잘 받는 사람이 아닌, 사회의 한 구성원으로서 좋은 사회를 만드는 사람이 될 수 있도록 교육해야 합니다. 항상 양심적으로 행동하고, 사회를 바라보는 가치관이 뚜렷해서 자기 주관에 따라 살아갈 수 있는 사람, 돈이 전부가 아닌 삶을 우선적으로 생각하는 사람으로 교육해야 합니다. 또한 이러한 교육을 함으로써, 비양심적인 범죄나 행동이 일어나지 않는 사회, 비양심적인 행동을 용인하지 않는 사회를 만들어야 합니다. 또 모두가 뚜렷한 가치관을 가지고 있어 기득권층의 잘못된 판단을 바로잡을 수 있는 사회, 어떠한 상황에서도 돈보다 인간의 존엄을 가장 중요시하는 사회를 만들었으면 합니다.

이러한 사회를 만들려면 결국 교육의 역할이 가장 중요합니다. 미래를 만드는 일 중 가장 중요한 것이 교육입니다. 그래서 교육은 모두에게 똑

같이 주어져야 하며, 돈으로 좌우되어서는 안 되며, 모두가 행복해지는 것을 목표로 나아가야 합니다.

## · 서연우(17세) ·

삶 자체를 위한 교육이 아닌 성적으로 제각각 인간 본연의 가치를 판단하는 교육의 행태가 지속되는 사회에서 우리가 찾아야 할 교육의 본질적인 가치에 대해 생각해봤습니다. 그 질문의 답은 현재 대다수 사람이 꿈꾸는 올바른 교육의 형태에 있습니다.

우리가 행복을 되찾기 위해서는 개개인의 삶 자체를 위한 교육을 해야 합니다. 경쟁을 부추겨서 인간을 이기적이고 피동적으로 만드는 교육이 아니라 인간을 능동적인 존재로 만드는 교육이 필요합니다. 교육이 경쟁으로 얼룩진 모습에 체념하는 사회가 아닌, 성적보다 더 소중한 것이 무엇인지 깨닫는 희망의 사회가 도래해야 합니다.

## · 성의정(17세) ·

우리나라는 외세의 도움으로 일제강점기를 벗어나 독립을 이룬 역사가 있습니다. 당시 김구 선생님은 "장차 우리나라는 외국에 의해 결정될 것이다"는 이야기를 했습니다. 이후 한반도 분단과 현재 사드 배치에 이르기까지 우리나라는 여전히 국민들의 안전을 지키는 것보다 타국의 눈치를 보기에 바쁜 것 같습니다.

이러한 문제는 교육에까지 이어집니다. 우리나라의 교육은 특별히 좋은 점이 없어 보입니다. 다른 나라의 좋은 교육제도를 따라 한 것인데 우리나라의 상황에 맞는지 알 수 없기 때문입니다. 성적순으로 나열하는 일본의 교육, 복도에 사물함을 두고 교실을 옮겨 다니는 미국의 교육을 따라 했습니다. 그러나 막상 그런 수업을 듣는 친구들의 얘기를 들어보면 쉬는 시간에 이동하기 바빠 화장실 갈 여유도 없으며, 친구들과 얘기도 못 한다고 합니다. 또 여전히 학교의 중요 사항을 결정하는 것은 주인인 학생이 아니라 어른들입니다.

이러한 교육에서 벗어나기 위한 방법은 무엇일까요? 나 자신만 행복해지고 싶다면 대안학교로 전학을 갈 수도 있을 것입니다. 그러나 이러한 방법은 대안학교를 다니는 일부 학생만 행복하게 할 뿐 다른 학생들이 모두 행복해질 방법은 아닙니다. 모두가 행복해지기 위해서는 일단 학생이 우선하는 교육이 이뤄져야 합니다. 학생들이 해야 할 일과 진로를 남들이 결정하는 것이 아니라 스스로 판단할 권리와 목소리를 학생들에게 주는 것이죠.

교육은 그저 지식을 가르치는 것이 아니라 앞으로의 삶에서 어떤 문제가 생겼을 때 해결할 수 있도록 도와주는 것입니다. 시대는 변화하는데 지금의 교육은 그 변화된 시대에서 발생한 문제에 대처하고 해결할 힘을 길러주지 못하고 있습니다. 이대로 몇십 년이 지나 우리 사회에 큰 문제가 닥쳤을 때, 그 문제를 해결할 수 있는 사람이 없다면 그것에 대해 누가 책임질까요? 더 이상 교육은 지금 이대로 머물러서는 안 됩니다. 시대에 따라 바뀔 필요가 있습니다.


· 민성규(18세) ·

어떠한 일을 감당할 수 없을 때 느끼는 감정이라는 뜻의 '무기력'에 대해서 다수의 사람은 이것이 타인에 의해서 비롯된다고 말합니다. 저 또한 사회의 억압이 제 행동을 규제하여 무력해진다고 느낍니다. 하지만 우리는 이러한 무기력의 근원이 우리 자신한테 있다는 사실을 잊어서는 안 됩니다. 저는 무기력의 근본은 자발성과 관련 있다고 봅니다. 무기력은 타인의 시선을 의식한 나머지 자신의 선택에 확신을 못 느끼게 되고 타인에 의해 짓밟힌다는 느낌을 받으면서 생기기 때문입니다.

이런 면에서 한국의 학생들은 어려서부터 자발성을 형성하는 데 방해를 받습니다. 그리고 그 장애물은 놀랍게도 교육입니다. 교육이 원래 목적대로 내적 독립성 형성, 지식의 성장 그리고 각각의 개성을 촉구한다면 자발성을 억압하지 않을 것입니다. 하지만 결과를 중시하고 상식의 축적을 요구하는 한국의 교육제도에서는 다릅니다. 학생들은 자연스럽게 결과주의 성향의 제도를 따라가게 될 것이고 규제들에 억압받게 되어 자신만의 생각이나 행동을 할 수 없게 됩니다. 따라서 학생들은 점차 획일화되어 독창성이 결핍됩니다. 이러한 독창성과 정체성의 상실은 그들을 저절로 사회에 순응하게 하며, 그들 자신도 자신에 대한 확신이 없기 때문에 자기 행동의 평가 잣대를 외부의 시선에 두게 됩니다. 이는 우리가 무기력을 되풀이하는 이유 중 하나일 것입니다.

미국 다큐멘터리 감독 마이클 무어의 영화 〈다음 침공은 어디?〉에서 여러 나라의 장단점을 보여주는데, 그중 미국은 죄수들을 폭력으로 대한다고 합니다. 하지만 노르웨이는 사회복귀정책을 펼치며 미국과는 상반된 태도를 보입니다. 이 나라에서는 범죄자를 복종시키고 압력을 가하는 게 아니라 그들로 하여금 미래를 준비할 기회를 주는 것이지요. 즉, 일반시민들과 같이 독립된 방을 갖고 마을 공동체를 꾸려가며 살 권리를 줄뿐더러 자신이 원하는 직업을 가지고 생활하게 함으로써 출소해서 안정적인 삶을 살 수 있는 기회를 보장합니다. 이 제도는 사람을 처벌하고 억압하는 것이 아니라 자아 손상을 입은 범죄자들에게 도움을 주고 자발성을 형성하게 하여 사회에 기여하도록 하는 제도입니다.

흔히 무기력을 극복하기 위해서 합리화를 하곤 합니다. 하지만 합리화는 자신의 무기력이 일시적인 것이라고 여기게 해주는 현실 도피일 뿐입니다. 따라서 우리 사회에서는 무기력 문제의 근본이 되는 자아정체성을 형성하고 자발적 의식을 갖는 것이 중요해져야 합니다. 이를 위해선 스스로 주인의식을 갖는 것이 중요한데, 주인의식이란 상대방을 착취하거나 억압하는 것이 아니라 무슨 행동이든지 나서서 먼저하고 자신의 의견을 표출할 수 있는 능력이라고 생각합니다. 이러한 의식을 가진 사람들이 사회에 많이 생겨난다면 사회 전체의 질 향상에 기여할 수 있고 인간의 자발성을 억압하는 제도나 규범을 바꿔나갈 수 있어 사회 전체의 무기력 또한 극복될 것이라고 생각합니다.

# 2

# 끝까지 정의의 편에
# 선 사람

가자지구는 육지 위의 섬이라고 불리는 곳입니다. 이스라엘이 가자지구를 둘러싸는 거대한 벽을 세웠기 때문에 팔레스타인 사람들은 하늘에서 백린탄이 떨어져도, 화살비가 내려도 도망갈 곳이 없죠. 2014년 팔레스타인에서는 한 달도 되지 않는 사이에 1,700명이 넘는 사람들이 죽었습니다. 이들 중 대부분이 여성과 아이들이었습니다. 이스라엘의 폭격은 병원이나 학교도 피해가지 않았거든요. 아니, 팔레스타인 사람들의 후대를 모두 없애버리려는 이스라엘의 의도적인 공격이었기 때문입니다.

그러나 이런 참혹한 현실에도 이 전쟁을 막을 힘을 가진 권력자들은 눈을 가리고 있습니다. 세계의 경찰을 자처하는 미국에서는 이스라엘에 6천억 원에 이르는 액수를 지원했고, UN에서는 무자비한 학살에 영향력 있는 한 마디의 비난도 하지 않습니다. 우리나라 역시, 이스라엘에 무기를 수출하는 3대 국가 중 하나이면서도, 이 분쟁에 대한 어떤 책임과 부끄러움도 없어 보입니다. 그 외의 권력을 가진 수많은 자본가들, 종교 지도자들, 국가 원수들은 무엇을 하고 있나요? 이스라엘의 눈치를 보며 이 비극을 막을 수 없다면 도대체 그들이 가진 그 많은 돈과 믿음과 신뢰와 권력은 다 무슨 소용이 있는 걸까요?

사회적 문제에 적극적으로 목소리를 내는 문학가, 오에 겐자부로의 소설 『새싹 뽑기, 어린 짐승 쏘기』를 읽었습니다. 전쟁 중 전염병까지도는 극한 상황에서 어른들에 의해 버려지고 마을에 고립된 15명의 감화원 아이들은 살기 위해 몸부림치면서도 결코 인간적 면모를 잃지 않았습니다. 인간성, 양심, 윤리 등 여러 이름으로 부를 수 있는 그들이 지키고자 했던 그것은 눈앞의 이익이 인간의 존엄성에 앞설 수 없다는 아주 단순하고도 간단한 진리를 다시 우리에게 일깨웁니다.

사회에서 눈엣가시처럼 여겨지는 감화원 아이들이었지만 전염병이 도는 마을에 갇히고 어른들 없이 지내는 그 시간 동안 아이들은 그들만의 세계를 만들어 순수한 유대와 사랑을 피워냈지요. 그러나 열흘 후 마을 어른들이 다시 돌아온 마을에서 그들의 존재는 마을을 쑥대밭으로 만들어놓은, "남의 집에 멋대로 들어가고, 음식을 훔치고, 도대체 너희들은 어떻게 되먹은 녀석들"이냐는 소리를 듣는, 처벌받아야 마땅한 '감화원' 아이들일 뿐입니다. 더 나아가서 마을 사람들은 전염병에 걸린 사람들과 아이들을 놔두고 도망쳤던 자신들의 행동을 모두 왜곡하려는 시도를 하기에 이릅니다. "너희들은 마을에 도착하고 나서 아주 평범한 생활을 한 걸로 해. 마을에 전염병은 유행하지 않았다.

마을 사람들은 피난하지 않았다. 이렇게 하는 거야. 이러는 편이 성가신 일도 없고 좋아. 알았어?"라고 말이지요.

인간이기에 우리는 타인의 생명을 소중히 하고 그들의 권리를 인정하는 또 다른 본성을 지켜야만 합니다. 오늘날 세계는 그런 마음들을 지켜나가기에 어려운 점이 많습니다. 모두 마을 어른들처럼 잘못을 숨기고 싶어 하고 위험으로부터 도망가길 원하기 때문이죠. 그렇다면 모든 순간에 인간성이 최우선이 되는 개인으로 자랄 수 있는 방법은 무엇일까요? 우리는 어떻게 인간의 생명과 같은 존엄성이 보호받는 사회를 만들 수 있을까요?

## 사람을 사랑하라

· 김민성(15세) ·

인간은 옛날부터 많은 전쟁을 해왔습니다. 물론 지금도 그 전쟁은 끝나지 않았습니다. 시리아 내전, 가자지구, 한반도 분단, 보이지 않는 경제 식민지까지 우리는 경제와 욕심의 노예가 되어버렸습니다. 이렇게 경제와 욕심의 노예가 되지 않으려면 배려가 있어야 한다고 생각합니다. 돈이 적든 많든, 장애인이든 아니든 인종이 다르든 아니든 우리 모두 서로 배려해야 합니다.

배려라는 것은 기본적인 공공예절을 지키는 것부터 시작합니다. 예를 들어 지하철 자리 양보 같은 사소한 것이 가능해야 그것이 국가 간의 배려로 커질 수 있습니다. 국가가 서로 배려하고 경제와 욕심을 버린다면 모두가 잘사는 세계가 될 수 있을 것 같습니다. 이스라엘과 팔레스타인 사람들이 각자만 살겠다는 욕심을 버리고 함께 살자고 배려를 한다면 테러와 전쟁은 일어나지 않을 것입니다. 그래서 저는 배려가 필요하다고 생각합니다.

· 황대승(18세) ·

보통 인간이 재난이나 극한의 상황에 부닥치면 생존 본능 때문에 더 잔인해진다고 생각합니다. 하지만 실제 사실은 달랐습니다. 대지진이나 해일과 같은 재해가 일어나면 우리는 사람들이 상점을 털거나 폭행을 일삼는 등 무질서해질 것이라 생각하지만, 실제 폐허가 된 곳의 사례를 보여주는 레베카 솔닛의 『이 폐허를 응시하라』를 보면 조금이라도 가진 자는 모든 것을 나누어주고 서로 도와주는 모습을 볼 수 있습니다. 『새싹 뽑기, 어린 짐승 쏘기』에서도 감화원 소년들은 모두 극한의 상황에서 잔인한 모습들을 보여줄 줄 알았지만 아니었습니다. 그렇다고 재난의 상황이라든가 극한의 상황을 만들자는 것이 아니라 현실에 안주하여 괜찮겠지, 라는 생각보다 언제나 위기상황 때처럼 남과 호흡을 맞추어가고, 배려하는 것이 습관이 되어야 한다고 생각합니다.

· 김기환(17세) ·

전쟁, 자연재해와 같은 상황이 되면 서로 죽이는 상황보다는 소수들이 다른 사람들을 아껴주고 챙겨주는 모습이 나타납니다. 저는 그러한 이유를 자신이 겪어보지 못한 일들을 겪어봐야만 남을 배려할 줄 알게 되기 때문이라고 생각합니다. 다시 말해 지금은 자신이 어려운 상황이 되어보지 않고서는 타인의 고통을 모른 척한다는 것이 문제입니다.

© 연합뉴스

쓰나미와 같은 자연재해나 전염병의 위험 등 큰 사태가 터지면 가장 피해를 많이 받는 연령층은 누구보다도 어린이들입니다. 어린이들은 취약한 존재로, 이런 위험들을 가장 먼저 접하게 됩니다. 이번 팔레스타인-이스라엘 분쟁에서도 마찬가지로, 가장 큰 피해를 본 사람들은 어린이들입니다.

저는 일본에서 대지진이 났을 때, 사람들이 차례차례 줄을 서서 마트에서 딱 자신의 가족이 필요한 물품만을 사가는 것이 가장 기억에 남습니다. 제 마음 같아서는 마트에 들이닥쳐 닥치는 대로 물건을 사갔을 건데 말입니다. 일본 사람들은 자신이 사는 지역에도 지진이 일어날 수 있기에 어릴 적부터 그러한 교육을 받아오지만, 우리나라는 딱히 온 지역이 걱정할 만한 자연재해가 일어나지 않기에 서로를 위하고 그렇게 해야 한다는 마음가짐이 부족한 것 같습니다. 남이 어떠한지는 자신이 겪어봐야 하지만, 겪지 않아도 되는 상황에서 인간의 존엄을 지키기 위해서는 성장기에 남을 배려하는 교육이 절실히 필요합니다.

· 이창희 (17세) ·

소설 『새싹 뽑기, 어린 짐승 쏘기』 속에서 인간은 아주 나약한 존재로 나타납니다. 그렇기에 인간은 서로 경쟁하고 때때로 잔인해지기도 합니다. 이러한 인간의 특성이 빚어내는 상황은 계속 이어지고 그 결과, 상처는 모두 어린아이들과 사회적 약자들에게 돌아갑니다.

이 소설에서는 그런 마을 어른들의 이기심을 엿볼 수 있습니다. 마을 어른들은 자신과 자신의 가족들을 전염병으로부터 보호하기 위해 감화원 소년들에게 전염병으로 죽은 동물 사체들을 매장하게 하고 안전을 위해서 환자와 소년들을 마을에 버리고 도망칩니다. 물론 소년들은 내적으로 그런 어른들을 인간으로 대접하지 않습니다. 오직 버림받은 소년들만이 인간이었습니다. 소년들은 인간이기에 두려움을 이기고 인내심을 가지고 버려진 소녀와 음식을 나눠 먹고, 병이 나면 간호하며, 서로서로 돌봅니다. 어른들이 버린 소년들이었지만, 소년들은 다른 이들을 버리지 않고 함께 살아갔습니다. 이런 소년들의 나약하지 않은 행동들을 '인류애'라고 생각합니다. 이런 인간의 존엄을 지켜주는 행동이 소년에서 그치지 않고 사회의 구성원 모두한테 전달된다면 인간의 존엄성이 보호받는 사회가 만들어지지 않을까요?

## 함께 살아가라

· 박경민(18세) ·

어른들이 모두 떠나간 뒤, 마을에 버려진 감화원 아이들은 서로의 이익만을 내세우거나 개개인으로 흩어지지 않고 새로운 공동체를 이루며 지냈습니다. 친구를 먼저 생각하고, 동물까지도 챙기는 따뜻한 '공동체 의식'을 가진 아이들이 되었지요. 무엇이 이 아이들을 그렇게 만들었을까요? 정치학자 박명림 선생님이 공동체란 우리의 마음의 상태를 말하는 것이라고 하셨습니다. 즉, 그저 단순한 집단이 아닌 동료의식, 우애, 사랑을 다 포괄하는 것이 공동체인 것이지요. 우리 사회는 그런 공동체 의식이 부족합니다. 이것이 부족하기에 '우리'보단 '나', '네 것'보단 '내 것'이 중요한 사회가 되지 않았나 싶습니다. 우리가 좀 더 남을 이해하고 그들의 아픔에 공감하며 모두를 아우르는 진정한 공동체를 이룬다면 아주 단순하지만 잘 지켜지지 않는 존엄성의 진리가 실현될 수 있지 않을까요?

· 최지윤(17세) ·

전쟁터에서 죄 없이 희생당하는 어린아이들의 목숨보다 경제적 이익이 더 중요하다는 것은 상식적으로 말도 안 되는 이야기입니다. 사람 목숨보다 더 중요한 게 어디 있느냐는 말은 자주 하니까요. 하지만 지금 우리 사회, 우리 세계에서는 이런 비상식적인 일이 허다하게 일어나고 있습니다. 어릴 때부터 남들과 비교당하면서 그 사람들을 다 나의 경쟁 상대, 적으로 만들어버리는 것에 익숙해져 있기 때문이 아닐까요? 나와 함께 살아갈 사람들을 적으로 만들어버리면 그 순간 생각할 것은 오로지 '나'밖에 없습니다. 저 사람이 어떻든 간에 일단 내가 좋은 성적으로 좋은 곳에 취직해 돈 잘 벌면서 잘 살면 그만이라고 생각하게 되면서 결국 남을 배려하고, 남의 입장에서 공감하며, 서로 물러나 주고 도와주는 행동과 멀어지고 어색해지는 것입니다. 그런 사람들이 더 많아지면서 이타적인 행동을 스스럼없이 먼저 한 사람이 "정말 대단하다"는 이야기를 듣고 심지어는 "뭐 저렇게까지 하나"라는 핀잔까지 받게 됩니다. 사실은 우리 모두 그래야 하는 일인데 말입니다.

그렇기 때문에 어렸을 때부터 윤리적인 행동들이 '그냥 그래야 하는 일'이라는 인식을 갖게 하고 남을 신경 안 써도 되도록 한다면, 또 그런 사람이 더욱더 많아진다면 서로서로의 존엄을 지켜주는 따뜻한 사회가 올 수 있습니다.

· 이승현(18세) ·

『새싹 뽑기, 어린 짐승 쏘기』를 보면 전염병이 도는 곳에서 아이들은 연대하고 있었습니다. 정말로 자연스럽게 말입니다. 우리는 '연대란 정말 좋아, 우리 사회에 필요해. 하자!'는 교육을 받는데도 불구하고 하지 않는데, 소설 속 아이들은 그저 자연스럽게 했습니다. 처음에는 아이들이 전염병에 대해 잘 모르거나 죽음에 대한 두려움이 없는 것은 아닐까 생각했지만 잘 생각해보면 당연한 것을 하고 있었습니다. 아이들은 당연하게 약자, 아픈 사람을 배려하고 이익을 혼자 차지하지 않고 나누려고 했는데, 우리는 마치 그것이 어려운 것처럼 그 행위에 이름만 짓고 있습니다. 도대체 우리는 뭘 잊고 살까라는 의문이 들었습니다.

소설을 통해 아이들의 순수함, 그리고 제 죽음에 대한 공포조차 잊게 하는 다른 사람의 고통에 공감하는 능력을 볼 수 있었습니다. 자신이 전염병에 걸려 죽을 것이라는 공포에 휩싸이지 않고 다른 사람의 고통을 기억하고 공감할 용기, 마음을 가지고 있다면 인간성이 최우선으로 되는 개인, 인간의 생명의 존엄이 존중받는 사회가 만들어지지 않을까요?

## 희망을 꿈꾸라

· 김수현(18세) ·

책 속에서 아이들은 극한의 상황에서도 서로를 돌보며 이기심을 내세우지 않았습니다. 그들이 극한의 상황 속에서 본 것은 자신의 이익을 챙기고 이기심을 내세우는 군인들과 자기를 위해 도망간 어른들이기 때문입니다. 아이들은 저렇게 이기적인 것들이 나쁘다는 것, 우리 모두 서로를 돌보고 나누어야 모두가 살 수 있다는 것을 두 눈으로 보았기 때문에 단순한 이익이 인간의 존엄성보다 앞설 수 없다는 결과를 보여주었습니다.

우리의 지금 현실도 책 속과 크게 다르지 않습니다. 시리아에서 일어나는 일을 알려주지 않는 학교, 세월호를 버리고 간 어른들, 가자지구를 보고만 있는 전 세계의 많은 권력자. 우리는 그 현실을 두 눈으로 보았습니다. 단순히 눈앞의 이익이나 가까운 미래만을 생각하여 행동하면 안 된다는 것을 확실히 알고 모두를 위해 살아야만 지속가능한 미래를 꿈꿀 수 있다는 것을 진정으로 깨달아야 한다고 생각합니다.

· 박진영(17세) ·

소설에서 전쟁 중 전염병이 도는 마을의 아이들이 서로서로 의지하면서 살아가는 와중에 그들을 버렸던 어른들이 돌아옵니다. 그리곤 그들의 안식처를 무참히 쓸어버립니다. 촌장은 주먹밥을 주면서 진실을 은폐하라고 그들을 현혹합니다. 다른 아이들은 그 현혹에 넘어가 근래의 가장 풍성한 식사를 하지만 소설의 주인공인 '나'는 그러지 않습니다. 끝까지 그들에게 복종하지 않고 자신의 인간성을 지킵니다. 하지만 촌장은 "어이, 까불지 마. 이봐, 넌 자신을 뭐라고 생각하나? 너 같은 놈은 진짜 인간이 아니야. 나쁜 유전자를 터뜨릴 뿐인 칠푼이야. 커봤자 아무짝에도 못 써", "너 같은 놈은 어릴 때 해치워야 해. 우리 농사꾼이야. 나쁜 싹은 애당초 잡아 뽑아 버려"라며 힐난합니다.

우리 사회는 저 더러운 촌장과 타협하는 아이들 같습니다. 자본에, 어떠한 자리에 타협하게 되면서 또는 촌장의 힐난처럼 주위의 시선이나 말에 휘둘려서 자신의 꿈꾸었던 가치를 잃어버립니다. 눈앞의 이익에 눈이 멀어 꺼져가는 생명도 보지 못합니다. 저 또한 그들에게 물들어갈까 무섭습니다. 하지만 우리가 계속 더 나은 사회를 꿈꾸고 그 꿈이 담긴 책을 놓지 않고 희망의 끈을 놓지 않는다면 자본이라는 이익에 생명이 보이지 않는 인간의 존엄성을 생각하는 사회로 발돋움할 수 있다고 생각합니다.

· 성지민(18세) ·

작가 오에 겐자부로는 이 책을 통해 무엇을 말하고 싶었을까요? 홀로 된
아이들이 살아가는 모습을 통해 무엇을 우리에게 전해주고 싶었을까요?
제가 이 책을 덮었을 때 처음 든 생각이었습니다. 이 책은 저에게 혼란스러
움과 불안함을 느끼게 해주었습니다. 만약 제가 이 소년들처럼 전염병의
위험에 휩싸인 채 마을 사람들에게 버림받았으면 어떻게 행동하고, 무슨
생각이 들었을까요? 저는 분명히 이 소년들처럼 꿩을 잡았다고 축제를 벌
이고, 눈이 온 날 스케이트장을 만들려 눈을 치우지 않았을 것입니다. 아
마 전염병이 무서워 아무 일도 못하고 벌벌 떨고만 있을 겁니다.

　소설 속 소년들은 정말 순수했고, 순간순간에서 즐거움을 찾는 능력
을 가진 것 같았습니다. 특히 꿩고기를 먹으며 한국 소년인 리가 가르쳐
준 노래를 부르고 춤을 추는 장면에서는 '아이들은 그 순간에 정말 충실
히 사는구나'는 생각이 들었습니다. 그에 반해 이 소설에 나오는 어른들
은 무책임하고, 무작정으로 한 추측에 휩싸여 무기력해 보였습니다. 전염
병의 두려움에 휩싸여 짐을 싸는 것 빼고는 아무것도 할 수 없었던 어른들
은 어떻게 보면 불쌍해 보이기도 하였습니다.

　이는 일본 3·11 대지진 이후를 살아가는 아이들의 이야기를 담은 『쓰
나미의 아이들』의 내용과도 상통하고 있는 듯합니다. 『쓰나미의 아이들』
에서 아이들은 그들이 맞은 재해에 두려워하기도 하였지만, 주위 사람들에
게 긍정적인 에너지를 심어주고, '우리 지금은 힘들지만 다들 꼭 힘을 냈으
면 좋겠다'는 희망의 메시지들을 곳곳에 뿌려주고 있었습니다. 반대로 어
른들은 집이니, 직업이니 챙길 가족들이니 신경 쓸 게 많아서 그런지 아이
들보다 쓰나미를 원망하고 '내가 과거에 이랬으면 지금 상황이 달라졌을

텐데'라는 후회를 많이 하고 있었습니다. 물론 어른들이 아이들보다 생각할 게 많긴 하지만, 어쩔 땐 아이들의 때 묻지 않은 순수함을 배워야 한다고 생각했습니다.

쓰나미와 같은 자연재해나 전염병의 위험 등 큰 사태가 터지면 가장 피해를 많이 받는 연령층은 누구보다도 어린이들입니다. 어린이들은 취약한 존재로, 이런 위험들을 가장 먼저 접하게 됩니다. 이번 팔레스타인-이스라엘 분쟁에서도 마찬가지로, 가장 큰 피해를 본 사람들은 어린이들입니다. 그러나 앞의 두 책에서 보았듯이, 아이들은 생각이 너무 많은 어른과 달리 앞으로 나아가려면 무슨 행동을 하고, 어떤 마음가짐을 가져야 하는지 잘 알고 있는 것 같습니다. 아이들은 미래에 대한 희망을 꿈꿀 수 있는 존재라는 것을 다시 한 번 확인할 수 있었습니다. 지금 우리 사회에서 일어나고 있는 무시무시한 상황 속에서도 아이들이 그 비극을 뛰어넘어 희망을 꿈꿀 수 있는 존재가 되었으면 좋겠습니다.

· 김은비(17세) ·

인간다움의 개념은 굳이 말할 필요가 없다고 생각합니다. 우리가 옳다고 생각하는 것, 당연히 그래야 한다고 생각하는 것이 결국 인간성 있는 행동입니다. 하지만 우리는 그렇게 하지 못합니다. 내가 하는 행동으로 인한 나의 피해를 감수하기 싫기 때문입니다. 이익을 우선시하는 사회 속에서 개인의 이익을 버려가며 남을 위해 헌신하는 일은 힘든 일이기 마련입니다. 저는 모든 순간에 인간성이 최우선이 되는 개인으로 자라기 위해서는 자신의 이익을 내려놓을 수 있는 대담함을 가져야만 한다고 생각합니다.

'새로운 세대'는 이런 측면에서 단순히 나이가 어린 사람들을 칭하는 것은 아닙니다. 누군가는 잔인하고 야만적인 사회를 경험하지 못했기에 그들이 아직 순수한 가치들을 지니고 있다고 말하겠지만 그 모든 것들은 결국 우리가 진실로 필요로 하는 것들입니다. 『새싹 뽑기, 어린 짐승 쏘기』 뒷표지에도 나와 있듯 이 소설은 아이들에 대한, 그리고 그들이 지니고 있는 이러한 것들에 대한 이야기였습니다.

감화원 아이들은 과거엔 잘못을 저질렀지만, 모두 함께 연대하고 사랑해야 한다는 사실들을 아는 아이들이었습니다. 그러나 마을 사람들의 오해와 책임감 없는 행동에 의해서 '새싹'들은 잔인하게 뽑혔고 그들은 시련과 고통을 딛고 일어난 '어린 짐승'들을 다시 한 번 더 쏨으로써 모든 것을 감추려고 했습니다. 왜일까요? 마을 사람들은 자신들의 유치하고 비겁한 행동이 부끄러웠음과 동시에 전염병이 돌고 있던 그 마을에서 자신들과 달리 삶을 유지해 나갔던 아이들이 부러웠기 때문입니다. 그들은 그 사실을 인정하기 싫었음이 틀림없습니다. 촌장은 탈출 후 감화원으로 다시 되돌아가지 말라는 조건을 내걸기도 하는데, 진실을 밝히려는 소년이 그 어디에도 속하지 못한 채 영원한 아웃사이더의 삶을 살기를 바라는 촌장, 그리고 촌장으로 대두되는 마을 사람들의 모습은 비겁하다 못해 더러워 보였습니다. 진실이 알려지는 것이 그렇게도 두려웠던 걸까요?

많은 소설에 아이들이 등장하고, 공통적으로 그 아이들은 지금의 기성세대와 다른 새로운 '희망'을 추구했던 점으로 미루어보아 우리는 그들, 아니 그 범주에 속하는 우리가 가진 가능성에 대해 다시 한 번 더 생각해볼 수 있습니다. 하지만 저는 이 소설이 단지 희망만을 이야기했다고는 생각하지 않습니다. 책을 읽으면서 아이들이 만들어나간 화합의 공동체뿐 아니라 어른들의 무책임한 태도도 눈에 띄었습니다. 자신들이 벌인 일의 뒤처리를 아이들에게 맡기고 그 사실을 알리려고 하지 않는 자들. 책을 읽는 내내 생각했던 것이었지만, 미안하다는 말만 되풀이하는 지금의 기성세대와 다를 바가 없었습니다. 저는 모든 문제를 만들어놓고 짧고 진실하지 못한 사과와 함께 그 뒤처리는 다음 세대에게 던져버리는 사람들이 싫고 그런 사람이 되기는 더더욱 싫습니다.

이 소설은 주인공 소년이 대장장이의 쇠몽둥이를 피해 밤의 숲을 내달리는 것으로 끝납니다. 우리는 그가 자유를 찾았는지, 굶어 죽었는지 혹은 감화원에 다시 되돌아갔는지 알 수 없습니다. 소년, 즉 진실을 알리려는 용기 있는 자들의 행보가 캄캄한 나뭇가지가 가득한 숲처럼 불투명할 수밖에 없다는 사실이 안타깝고 두렵습니다. 하지만 만약 소년의 친구인 '리'가 소년을 따라온다면? '미나미'가 소년을 따라온다면? 그리고 남은 아이들이 찾아와 다시 한 번 희망의 공동체를 만든다면? 더 이상 암울한 끝을 그리지 않아도 되는 순수하고 의리 있는 공동체가 다시 만들어지지 않을까요?

우리 앞에는 이미 숲으로 뛰어 들어간 그 누군가가 존재합니다. 더 이상 마을 사람들의 억압 아래에서 아무 것도 말하지 못한 채 그들이 차려준 밥을 먹고 싶지 않습니다. 숲으로 가서 소년의 뒤를 뒤따르는 또 다른 소년, 소녀가 되고 싶습니다.

# 3

# 억압의 시대,
# 삶이라는 자유를 위하여

인간의 역사에는 언제나 신분제나 인종주의 같은 억압이 존재했습니다. 이전에는 강력한 권력과 무력에 의해 억압이 이루어졌고, 그것에 대항하는 것은 불가능해 보였습니다. 이를 극복하기 위한 수많은 투쟁이 있었고, 결국 상황은 많이 개선되었습니다. 그러나 억압은 지금도 계속되고 있습니다. 자유와 평등과 같은 보편적인 진리와 상반되는, 자신이 원하지 않는 차별을 감내하고 세상에 발 디뎌야 했던 수많은 이들이 존재합니다. 이들은 너무나도 쉽게 인간의 존엄성을 잃어갔습니다.

미국에서 지금도 여전히 존재하는 인종주의의 실상을 이야기하는 『세상과 나 사이』의 저자 타네하시 코츠는 말합니다.

"인종은 인종주의의 자식이지, 그 아비가 아니다. 그리고 〈국민〉을 지칭하는 과정은 계보학이나 골상학의 문제라기보다는 차라리 서열 매기기 위한 과정이었다. 피부색이나 머리카락의 차이는 오래전부터 있었던 거야. 하지만 피부색이나 머리카락에 우위가 있다는 믿음, 이런 요인이 한 사회를 올바르게 편성할 수 있다는 인식, 이런 요인이 지워질 수 없는 더 깊은 속성을 나타낸다는 인식은 자신이 백인이라고 믿게끔 가망 없이 비극적이고 기만적으로 키워진 이 새로운 국민의 심장에 새롭게 자리 잡은 관념이다."

피부색, 머리카락 색, 사상, 성격 등 인간 사이의 차이는 분명히 존재합니다. 하지만 그러한 다름에서 비롯한 차별은 인간의 본성상 필연적인 것이 아니라 그 사회가 시대에 부여하는 경험으로부터 시작됩니다. 그리고 이러한 경험이 가지는 모순과 편견은 쉽게 사라지지 않습니다.
이러한 억압은 우리의 역사 속에서도 '신분제'라는 틀 안에 명확히 존재했습니다. 자신의 존엄을 지키기 위해 노비라는 신분으로부터 도망쳐 양반으로서 살아가야 했던 가짜 양반 '엄택주'의 이야기를 다룬 소설 『나는 가짜 엄택주입니다』에서, 주인공 엄택주는 또 다른 도망 노비인 소년에게 말합니다.

"왜 경전은 아름답고 왜 깨달음과 각오들은 훌륭하며 왜 남의 처지에 동정하는 사람들은 선하겠는가? 실상 대부분 양반은 그렇게 살지 않기 때문이다. 경전, 실천, 동정은 아예 모르는 척, 배운 적도 없는 척 행동하는 것이다. 그래서 세상은 잘 변하지 않는 것이다. 부당한 세상은 날이 갈수록 더욱더 견고해지는 것이다. 그만큼 너는 꼭 세상을 바꾸어야 하는 것이다."

신분제가 존재하던 시대는 수많은 사람을 열등한 인간으로 살아갈 운명으로 만들었으며, 양반과 같이 우등하다고 일컫는 소수의 사람만이 특권을 누렸고, 이것은 시간이 지날수록 견고해졌습니다.

물론, 신분제라는 억압은 이미 사라졌습니다. 하지만 우리는 아직 완전한 '자유인'이 아닙니다. 수천 년 동안 지속한 신분제가 그러하듯 우리 시대에서 일어나고 있는 억압 또한 쉽게 사라지지 않을 것입니다. 하지만 이러한 시대의 문제들은 인류가 반드시 해결해야 할 과제입니다. 소설가 빅토르 위고는 말합니다. "세상을 살아가는 데에는 신과 영혼, 책임감, 이 세 가지만 있으면 충분하다." 누구든 억압의 피해자일 수 있는 이 시대에서 우리는 나와 타인의 존엄을 지키고, 부정의한 세상에 물음을 던져야 할 의무를 지닙니다. 보편적인 인간의 감각으로 세계를 바라보고, 세계가 필요로 하는 나의 책임을 인식해야만 합니다.

신분제는 사라졌지만, 우리는 여전히 차별과 불평등의 세계를 살고 있습니다. 그렇다면 우리가 슬퍼해야 할 이 시대의 억압 받는 이들은 누구입니까? 그리고 인종주의, 신분제와 같이 그 시대가 한 개인에게 부여하는 편견에 맞서 자유와 평등과 같은 인간 본연의 가치를 실현하는 고귀한 삶을 살기 위해서 우리는 어떻게 행동해야 할까요?

어떻게 하면 이러한 차별과 불평등을 없애고 그들의 고귀한 삶을
지킬 수 있을까요? 이러한 문제를 해결하기 위해서는 한 사람의 힘
을 배로 부풀릴 '바른 국가'가 필요합니다.

# 이 시대의 고통받는 이들은 누구입니까?

· 송현진(17세) ·

사회에 자신의 목소리를 크게 낼 수 없는 이들이 바로 이 시대의 억압받는 이들이라 생각합니다. 이들은 목소리를 낼 수 없도록 교육받고, 목소리가 큰 자들에 의해 명령받습니다. 저는 이들 중 학생을 대표적인 인물로서 뽑고자 합니다. 학생은 기성세대에 의해 미성숙하고, 보호가 필요한 존재로 여겨집니다. 그렇기에 목소리가 있지만, 우리의 목소리는 여전히 무시되고, 억압받고 있습니다.

· 조민경(18세) ·

현재 한국에서 억압받는 이들은 '학생'이라고 생각합니다. 한국에서 학생으로 살아감은 나에 대한 결정권을 학교에 양도하는 것입니다. 교문에 들어서는 순간 우리는 피교육자로서, 교육자의 지도를 따라야만 한다는 것을 강조합니다.

2016년 9월 12일 경주 지진이 일어난 후, 약 2주 뒤 지진 대피 훈련을 한 적이 있습니다. 전교생이 운동장에 모이는 데 걸린 시간은 자그마치 10분이었고, 진지하게 훈련에 임하는 학생도 거의 없었습니다. 그런데 앞에서 마이크를 잡은 학생부장 선생님의 말씀은 그야말로 가관이었습니다. "여러분, 훌륭합니다. 역시 우리 학교 학생들은 지도에 잘 따르기에 비상시에도 모든 학생이 다 같이 살아남을 수 있을 거라 믿습니다." 그 누구도 아이들의 장난스러운 태도에 대해 지적하지 않았고, 수업 시간에 왜 이런 훈련을 진행하느냐는 식의 반응은 소름 끼쳤습니다. 생명을 다루는 일에 이렇게나 아무렇지 않을 수 있다는 사실이 암담하기만 했습니다.

꿈에 대한 억압도 마찬가지입니다. 본인에게 즐겁지 않은 일, 사라져버린 직업적 사명감은 사회 전반적인 부패와 그것을 그저 관망하는 태도로 이어졌다고 생각합니다. "나는 무엇을 위해 사는가?"라는 질문 위에 사회적 인식이 위치할 수 있었던 근본적 원인은 교육에 있을 수밖에 없습니다. "너희 할 거 없으면 지금부터 공무원 시험 준비나 하는 게 어때? 남들보다 빨리, 그래서 더 많이 편하게 살 방법일 텐데." 놀랍게도 선생님이 마치 수업의 일부인 것처럼, 아주 당연한 말을 내뱉는 듯 태연히 말씀하십니다.

어떤 인간으로 살아갈지에 대해 꿈꾸는 것을 멈추고, 그저 '남들보다 더 부유한 삶', '남들보다 더 큰 권력'을 위해 모든 결정권을 타인에게 넘기기를 강요하는 방식의 교육, 그리고 그것을 받아들여야 하는 학생들은 우리가 마땅히 슬프게 생각해야 할 억압받는 존재입니다.


· 하보원(17세) ·

우리가 슬퍼해야 할 이 시대의 억압받는 이들은 '수저 계급론'의 '흙수저' 아이들이라고 생각합니다. 차별과 불평등은 크게 보았을 때 사회에서 나타나며, 작게 보았을 때는 학교 안에서 친구들 사이에서 발생하기도 합니다.

부모님의 지위가 높은 일명 '금수저'가 살기 좋은 나라가 되어버린 지금 대한민국에서 저소득층 자녀들은 기본적으로 보장받아야 할 인간의 존엄성을 잃고, 억압받으며 살아갑니다. 이들은 타인과의 관계에서 소외되며, 사회 속에서 외롭게 홀로 버티며 상처를 숨깁니다.

그렇다면 어떻게 하면 이러한 차별과 불평등을 없애고 그들의 고귀한 삶을 지킬 수 있을까요? 이러한 문제를 해결하기 위해서는 한 사람의 힘을 배로 부풀릴 '바른 국가'가 필요합니다. 현재에도 저소득층을 위한 법률은 제정되어 있지만 심각한 현실을 포용하기에는 부족한 것 같습니다. 그렇기에 우리는 약자에게 귀 기울이고, 그들이 더욱 목소리를 낼 수 있도록 그들의 삶의 실상을 파악하여 해결책을 마련해야 한다고 생각합니다.

· 김민성(18세) ·

이 시대의 억압 받는 이들은 능력이 부족하다고 여겨지는 사람들입니다. 대표적으로 우리 사회에서 능력이 없다고 여겨지는 이들은 돈이 없거나, 학벌이 뒤처지는 이들입니다. 능력이 부족하다는 것은 개인이 노력을 안 해서라고 생각할 수 있습니다. 우리는 이들에게 노력과 열정을 강조합니다.

그러나 중요한 것은 노력만이 능력을 결정짓지 않는다는 것입니다. 지금 우리 사회에서는 태어날 때부터 고소득층은 고소득층으로 태어나고, 저소득층은 저소득층으로 태어납니다. 그리고 이는 그대로 학벌로 이어지기도 합니다. 고소득층의 자녀로 태어난 아이는 막대한 돈을 들여 사교육을 받고, 좋은 학군에 살며, 쾌적한 환경에서 공부합니다. 반면 저소득층 아이들은 이 모든 것의 반대입니다. 이렇게 다른 상황에서 결과가 대부분 다른 것은 어쩌면 당연할지도 모릅니다.

## 인간다운 삶을 살아가겠습니다

· 조수빈(18세) ·

어떻게 하면 이 시대에서 억압받는 이들에게 아픔을 더는 주지 않을 수 있을까요? 인종주의, 신분제 등과 같은 그 시대가 개개인에게 부여하는 편견에 맞서 자유와 평등과 같은 인간 본연의 가치를 실천하며 공동체와 개인 사이에 올바른 규칙을 세우고 준수하는 것입니다. 혹여나 올바르지 못한 규칙이 정해져 개인이 억압받고 차별당하고 있다면, 이에 비판적인 시각을 가지고 고치려는 태도가 필요합니다. 이를 통하여 우리가 모두 올바른 인간으로, 사회공동체의 일원으로 성장해야 합니다.

· 성의정(18세) ·

사실 고위 공무원, 간부, 임원 등의 높은 자리에 있는 극소수의 사람 외에는 대부분이 대상이 무엇이든, 누구이든 억압을 받고 있다고 생각합니다. 억압의 강도와 그 이유가 다를 뿐 다들 자신만의 고통을 가지고 있으며 그러한 와중에도 함께 살아가고 있습니다. 그렇기에 자신이 안고 있는 고통을 헤아리기 바쁘며, 각자의 고통을 중심으로 세상을 바라볼 수밖에 없습니다. 그리고 이러한 개개인의 이기적인 생각들은 결국 또 다른 차별을 낳게 됩니다.

자신이 받는 억압을 더 중요시하면서 다른 이들의 상황은 모르쇠 지나쳐버리며 서로에 대해 공감할 수 없게 되는 사회가 되어버렸습니다. 자기 생각에 빠져 이기적인 말밖에 뱉을 수 없게 된 이들이 인간 본연의 가치를 실현하는 고귀한 삶을 살 수 있게 하기 위해선 어떻게 해야 할까요?

각자의 고통 외의 것들도 이해할 수 있어야 하며 자신의 고통뿐만 아니라 다른 이들의 고통 또한 해결할 수 있도록 노력해야 합니다. 그리고 그러한 고통을 해결해줄 수 있는 지식을 쌓는 것입니다. 책을 읽든, 영상을 관람하든 우리는 이 시대의 차별을 없애기 위해 끝없이 공부하고 관심을 가져야 합니다.

· 김민성(18세) ·

출발선이 다르고 도착점에 이르는 속도 또한 다른데 우리는 결과만을 강조하며 인간 본연의 가치를 잊은 채 살아갑니다. 고귀한 삶을 살기 위해서는 끝없이 질문하는 태도가 필요하다고 생각합니다. 불평등은 그것이 당연하다고 생각할 때부터 고착됩니다.

학벌과 실질적인 능력은 정비례하지 않음에도 불구하고 우리는 학벌이 좋으면 능력 또한 좋을 것으로 생각합니다. 또한, 저소득층에게 당연하다는 듯 끝없이 가난을 증명하기를 강요합니다. 국민의 기본권을 지키기 위해 자신이 가난하다고 끝없이 증명해야 하는 사회는 고귀한 삶과는 거리가 멀어 보입니다. 이렇게 당연하다고 생각되는 것에 사회의 억압과 불평등은 녹아 있기에 우리는 끝없이 질문하고, 잘못된 것을 바로잡아야 합니다.

· 신지현(15세) ·

고귀한 삶을 살아가기 위해서는 모두가 평등한 세상에서 배우고, 서로를 수용하는 의미 있는 대화가 필요하다고 생각합니다. 하지만 아직 우리 사회는 평등하지 않습니다. 우리는 실력이 아닌 부모님의 직업과 재산이라는 잣대를 통해 판단되는 삶을 살아가고 있습니다. 과연 지금 사회는 자유롭다고 할 수 있을까요?

사실 조선시대에 있었던 노비제도는 아직 남아 있다고 할 수 있습니다. 노비들은 신분이 낮다는 이유로 평생 인권을 보장받지 못한 채 살아가게 됩니다. 특히 노비는 공부할 수 없다고 받아들여지고, 자신도 불가능하다고 인식했습니다. 이 모습이 지금 우리의 모습과 비슷하다고 생각했습니다. 가정의 형편에 따라 배움의 기회는 천차만별로 다릅니다. 이러한 사회에서 이들은 낙오자로 받아들여지고, 권리조차 보장받지 못하고 있습니다.

사회를 바꾸기 위해서 우리는 분노해야 합니다. 하지만 그 이후의 보복이 두려우므로 아직 그러한 움직임이 적다고 생각합니다. 우리는 모두 자유로우며, 자신이 하고자 하는 공부를 할 수 있어야 합니다. 또한, 직위와 재산으로 비교되지 말아야 합니다. 그리고 자신보다 '우월하다'라고 생각하는 이들의 말만을 귀담아듣는 것이 아니라 모든 사람의 말을 경청하여야 합니다. 이런 대화를 통해 생각의 폭을 넓히고, 타인에 대해 배우면 우리 모두 고귀한 삶을 살 수 있다고 생각합니다.


· 최은수(16세) ·

노예는 누군가에게 종속되어 자유를 빼앗긴 사람들을 일컫습니다. 그리고 어쩌면 이 시대의 노예는 보이지 않는 누군가에 의해 사로잡혀 자신이 자유를 빼앗기는지도 알아차리지 못한 채 다른 이에게 자신의 것을 넘겨주고 있는지도 모릅니다. 단순히 눈에 보이는 사회적 약자들만이 그 대상은 아닐 것입니다. 가난으로 힘겨워하는 사람들, 불가피한 신체조건 등으로 차별받는 사람들, 그런 사람들뿐만 아니라 평범한 사람들도 자신의 주관을 가지지 못한 채 누군가의 노예로서 살아가는지도 모르겠습니다.

노예는 자기 생각이나 가치관 혹은 주관이 뚜렷하지 않습니다. 주인의 명령을 따르기 때문에 자신의 의견을 고민할 필요가 없는 것입니다. 하지만 그런 노예로 남아서는 안 됩니다. 우리는 어떻게 내 삶의 열쇠를 쥐고 잘 살아갈 수 있을지, 누군가의 노예가 아닌 '나'의 삶을 제대로 영위할 수 있을지 잘 알아야만 합니다. 나의 생각을 확실히 밝히고 다른 이에게 휘둘리지 않는 것, 그것이 가난한 사회에서 고귀한 삶을 선택하는 하나의 길이라고 생각합니다.

## 반드시 이루어내야 할 당신의 혁명은 무엇입니까?

· 양서영(17세) ·

혁명은 삶의 축제라고 생각합니다. 불꽃을 터뜨리는 것과도 같은 축제를 진행하기 위해서는 치밀한 준비가 필요합니다. 몇 시에 시작해서 몇 시에 끝낼 것인가, 예상 인원은 어느 정도이며 얼마만큼의 물건과 돈이 필요한지에 대한 추측 없이는 축제를 성공적으로 마치기 어렵습니다.

혁명 또한 그렇습니다. 인류학자 데이비드 그레이버가 주장한 '예시적 정치'가 의미하듯, 우리는 기성체제에서 무엇을 빼야 하고 어떤 가치를 지향할 것인가에 대한 토론을 활성화해야 하고, 그를 통해 상상한 세계를 어떻게 실천할 것인가를 고민해야 합니다.

· 송현진(17세) ·

이데올로기는 착시를 일으키는 그림과도 같습니다. '루빈의 컵'이라는 그림이 있습니다. 흰 부분에 집중하면 컵으로 보이지만 검은 부분에 집중하면 두 사람의 옆태로 보이는 그림입니다. 반대의 속성을 나타낼 때 자주 언급되며 흑과 백으로 나뉘어 대비되는 원리입니다. 이 그림은 누군가 반대색에 집중해보라 말하기 전에는 자신이 보고 있는 그림이 그저 배경이라는 것을 알기가 힘듭니다.

이때 누군가 건네준 반대색에 집중해보라는 말이 바로 혁명의 역할이라고 생각합니다. 이제껏 우리가 간과해왔던 것이 실제로는 의미를 지니고 있으며, 핵심이라 여겨왔던 것에 더는 주목할 필요가 없다는 것을 알려준다는 점에서 공통점을 가집니다. 우리는 늘 민주적이고 정의로운 삶을 살아가기 위해, 이러한 혁명과 이데올로기가 어떤 것을 가치로 삼을 것인가에 대해 생각하고 공부해야 합니다.


· 서연우(18세) ·

철학자 알랭 바디우는 혁명, 즉 투쟁의 목표는 '변화 그 자체가 아니라 불안과 무질서를 넘어선 어떤 새로운 평화, 새로운 영원성, 인류 자체의 새로운 형태'라고 말합니다. 여태껏 수많은 혁명은 파괴의 의미를 담고 있었습니다. 고루한 기성 관습의 붕괴와 완전히 새로운 관습의 등장을 혁명의 목적이라고 여겨왔던 것입니다.

그러나 새로운 것이 자연히 찾아오기만을 기다리는 것에는 마땅한 답이 있지 않았습니다. 과거의 관습이 사라짐과 동시에 우리가 목격한 것은 몽상과 같은 불투명한 변화였기 때문입니다. 따라서 진정한 세상의 변화가 나타나기 위해서는 혁명 이후에 남겨지는 기존의 관습이 가지는 부정에 대한 물음과 토론이 필요하다고 생각합니다.

같은 맥락에서 시위가 끝난 다음 이루어져야 할 것은 시민이 주장하는 긍정적인 가치에 합당하지 않은 것을 끊어내는 과정입니다. 혁명은 새로운 가치의 등장이 아닌, 기존의 가치가 가지는 부정의한 것을 제거함으로써 나타나는 '오래된 미래'의 가치라고 생각합니다.

이러한 가치를 가진 혁명만이 인류가 살아갈 사회의 방향을 결정하고, 기존의 관습이 몽상이라고 말했던 것들을 현실로 가져올 수 있습니다.

# 4

## 세계동시혁명의 가능성,
## 그 중심에 서다

· 인디고 연구소(InK) ·

'어떻게 세상을 변혁할 수 있을 것인가?', '어떻게 윤리적이고 정의로운 세계를 만들 수 있을 것인가?', '어떻게 좀 더 행복한 사회를 만들어 갈 것인가?' 민주주의 사회에서 이와 같은 질문들은 주로 선거를 통해서 대두한다. 하지만 약속이나 한듯 선거가 끝난 뒤 풍선의 바람이 빠지는 것처럼 '공적인 삶'과 '사회에 관한 관심'은 늘 사라져버렸다. 매일매일 '성 추문과 비리, 연예인, 스포츠' 뉴스는 우리가 접하는 포털 사이트의 메인 페이지를 장식하지만 '더 나은 삶과 정의로운 사회'에 대한 치열한 고민과 열정은 찾아보기 어려워졌다.

하지만, 선거만으로 세상을 바꿀 수 없다는 사실을 몰랐던 바는 아니지 않은가? 그러므로 선거가 끝났다고 더 나은 세상을 향한 꿈마저 허무하게 끝났다고 말하는 것은 잘못된 것이 아닐까? 지금은 정치 변화에 대한 실망을 '힐링'하는 것이 아니라, 더 본질적으로 무엇이 문제이며, 무엇을 해야 할지를 고민해야 하지 않을까?

지난 10년 간 우리 사회의 주요 쟁점은 '복지와 정의'였으며, 가장 핵심 키워드는 '경제 민주화'였다. 요약하면 '더 나은 자본주의'와 복지국가를 만들기 위한 정치적 시도였다. 그렇지만, 철학자 슬라보예 지젝은 '더 공정한' 자본주의가 가능하다는 식의 논의는 거부해야 하며, 자본주의가 실패했음을 깨끗하게 인정해야 한다고 말한다. 부패나 탐욕이 문제가 아니라 자본주의라는 체제 자체가 우리를 부패하게 한다는 것이다. 이는 독재로부터 정치적 민주화를 쟁취하고도 여전히 가난이 해결되지 않은 우리 사회가 마주한 문제의 핵심이다.

> "분석의 도구는 임마누엘 칸트가 말했던 "이성의 공적인 사용"이다. 오늘날의 공산주의는 그 어느 때보다도 '이성의 공적인 사용'과 평등주의적 보편적 사유로, 생각하면서 시작한다는 사실을 명심해야 한다. 칸트에게 '세계시민사회'의 공적 공간이란 보편적 단독성$^{universal\ singularity}$의 역설, 즉 일종의 단락$^{short\text{-}circuit}$으로 특수성의 매개 없이 곧바로 보편성에 참여하는 단독적 주체의 역설을 가리킨다."
> – 슬라보예 지젝, 『멈춰라, 생각하라』 중에서

이런 의미에서 오늘날의 선거는 정권을 얻기 위한 '이성의 사적인 사용'의 장이다. 자신이 동일시하는 정치적 집단의 목적을 위해 이성을 수단으로 이용하는 것이기 때문이다. 이 때문에 선거가 끝났을 때야말로 비로소 '이성의 공적인 사용'을 위한 순간이 열린다. 그러므로 민주주의 사회에선 선거가 끝난 다음에서야, 정치적 이해라는 특수성의 매개 없이 곧바로 '세계시민사회'의 보편성, 곧 우리가 직면하고 있는 이 시대의 문제를 사고할 수 있는 장이 열리게 된다.

## 체제 그 자체의 위기 앞에서 우리는 어디서부터, 어떻게 시작해야 할까?

새로운 역사를 만들어갈 주체들에게 가장 절실하게 요구되는 첫 번째는 바로 우리 삶이 놓여있는 이러한 총체적 구조를 직시할 수 있는 시야를 확보하는 것이다. 그리고 그 총체적 구조란 단순히 선·악으로 구분되는 이데올로기나 정치체제의 대립 형태로 설명될 수 있는 것이 아니다. 오히려 지금 전 지구적 인류 문명을 움직이는 힘은 몇 명의 정치 권력자들과 다국적기업을 거느리고 있는 거대 재벌과 같은, 어떤 의지를 지닌 주체라기보다, 그들이 타고 있는 자본주의라고 하는, 그 실체를 정확히 파악할 수 없고 그렇기에 도저히 길들이거나 제어할 수 없는 거대하고 흉포한 괴물이기 때문이다. 결국, 지젝의 말처럼 "모든 계층의 사람들과 때로는 모든 국가의 운명이 자본의 유아론적이고 투기적인 춤사위에 따라 결정되는 판국"에서, 우리는 그 실체를 정확히 파악하기 위해 노력을 기울여야 한다.

그런 노력의 최전선에 사상가 가라타니 고진이 있다. 그는 근대세계시스템의 모습을 '자본=네이션=국가'의 삼위일체로 파악한다.

"자본제경제는 반드시 경제적 격차와 대립으로 귀결된다. 그러나 네이션은 공동성과 평등성을 지향하는 것이기 때문에, 자본제가 초래하는 격차나 모순들을 해결하기를 요구한다. 그리고 국가는 과세와 재분배나 규칙들을 통해 그것을 행한다. 자본도 네이션도 국가도 서로 다른 것이고, 각각 다른 원리에 뿌리를 두고 있지만, 여기서 그들은 보로메오의 매듭처럼 어느 것 하나라도 없으면 성립하지 않을 정도로 결합되어 있다."

　- 가라타니 고진, 『세계사의 구조』 중에서


네이션은 민족적·국민적 감정을 의미한다. 우리는 자본주의가 낳는 경제적 격차와 인간 소외와 같은 문제에 분노하는데 그때의 '우리'가 바로 네이션이다. 이 네이션의 분노를 적절히 해소하여, 체제의 붕괴를 막는 역할을 하는 것이 국가이다. 국가는 부를 재분배하고, 법을 통해 질서를 유지한다.

　한국 사회의 가장 큰 이슈이기도 했던 복지 국가를 생각해보자. 한국 사회는 신자유주의적 질서에 대한 대안으로 '복지 국가'를 선택했다. 복지 국가는 신자유주의적 경쟁체제가 극단으로 치달으면서 낳은 사회적 고통에 대한 대안으로 대두하였다. '국가'의 기능이 강화된 것이다. 이것은 자본주의를 벗어난 것도, 자본주의의 대안이 마련된 것도 아니다. 단지 '자본=네이션=국가'가 이 시대적 맥락 속에서 작동하고 있을 뿐이다. 복지 국가는 두 가지 측면에서 한계가 있는데, 하나는 국내적으로 네이션의 요구를 받아들여 사회적 정의를 실현한다고 해도 그것이 전 세계적인 관점에서 봤을 땐 국가 이기주의로 귀결된다는 것이다. 그리고 다른 하나는, '자본=네이션=국가'의 구도에서 이뤄지고 있기 때문에 '자본'이 위기를 맞이하는 지점, 즉 세계적 경제 위기 혹은 국가 간 자본 경쟁에서 패배할 경우 국내의 '네이션'적 요구를 묵살한다는 것이다. 이것이 국내의 사회 정의를 실현하기 위한 정권이 들어선다고 해도 '자본=네이션=국가'라는 구조적 틀을 벗어나지 않는 한 실패할 수밖에 없는 이유이다. 그렇다면 '자본=네이션=국가'의 구조적 틀은 어떻게 벗어날 수 있을까?

## 자본주의 세계에서 공적인 관심의 불능

'자본=네이션=국가'의 연결고리 중에서도 오늘날 가장 지배적인 교환 방식은 자본이다. 자본주의 사회에서 생계를 유지해야 하는 대부분의 노동자들은 스스로 노동력을 상품화해야 하며, 그러한 노동을 통해 만들어진 상품을 다시 스스로 사야 하는 시스템 아래 놓이게 된다. 즉, 생산수단을 소유하고 있지 않기에 자신의 노동력밖에는 팔 것이 없다는 것이 오늘날 우리 대부분이 공동으로 처한 노동자의 상황이다.

이러한 현상은 산업자본주의 아래에서 나타나는데, 가라타니 고진은 이것을 분명히 하기 위해 상업자본주의와 산업자본주의를 구별한다. 가라타니 고진은 상인자본이 다른 가치체계 사이의 중계로부터 이윤을 얻는다고 설명한다. 즉 공간과 시간의 차를 둔 상품교환에 의해 이득을 본다는 것이다. 상인은 상품을 구입하여, 그것을 더 비싸게 팔수 있는 가치체계가 통용되는 공간으로 이동하여 되판다. 바로 '원격지 교역'이다. 산업자본주의 또한 더 싼 원료와 노동력과 소비자를 찾아서 원격지로 나아간다. 따라서 상인자본과 산업자본의 차이를 유통

혹은 생산과정으로 설명할 수 없다. 그 둘의 결정적인 차이는 앞서 말했던 산업자본주의 아래에서 진행되는 '노동력의 상품화'에서 비롯된다. 고대부터 존재해온 상품경제를 사회 구성체 내부의 지배적인 교환 방식으로 만든 것이 바로 그러한 산업자본주의의 특이성이다.

결과적으로 자본에 의해 강제되어 상품화된 삶을 살아가는 노동자들은 자신의 삶을 공적으로 결정하는 위치에 설 수 없다. 그것은 오늘날의 실질적 노동자뿐만 아니라 노동자가 되기 위해 살아가는 청년들도 마찬가지다. 자본가가 바랄 것이라고 예상되는, 자본가를 위한 조건들을 충족시키기 위해 자격증을 따고, 어학연수를 다녀오지만, 자신의 기본적인 근무조건부터 의료나 교육으로 대표되는 기본적인 복지와 삶의 질의 문제, 환경문제 등의 전 지구적 문제에 대한 국가적 입장을 직접 결정할 수 없음은 물론이고, (자본가의 폭력은 노동자들의 임금 및 복지 수준을 결정하는 데 그치지 않고 기업 밖의 정치적인 영역까지 그 영향력을 미치는 데 반해) 노동자들 간의 연대로 그것을 일부 성취한다 한들, 기업 내 '을'의 위치에서 벗어날 수 없다.

오늘날 대학생들이 스펙을 쌓는 등의 문제에만 골몰할 뿐, 환경 및 전쟁을 비롯한 전 지구적인 문제에 관심을 가지지 않고, 설령 관심을 가진다 해도 그것의 근본적인 해결지점을 찾지 못하는 것은 이 때문이다. 가속화된 지구 온난화에 의해 잠겨가는 몰디브 섬과 같이, 전쟁으로 피해 받는 어린아이나 여성들과 같이 피해자는 언제나 자신의 삶을 대변할 정치적 권리를 갖지 못한 이들이다. 피해자들이 늘 노동자인 것은 아니지만, 적어도 노동자들이 그런 위협에 언제나 노출되어 있다는 점만은 확실하다. 그럼에도 소수의 깨어 있는 시민이 아닌, 도덕적 다수를 이루기 위해서는 전 세대적, 전 세계적 연대를 필요로 하지만 단 한 번도 그것을 이루어본 경험이 없는 이들에게 그 가능성은 불투명하다.

## 자본주의의 종말

이렇듯 공동의 문제에 보편적인 입장에서 관심을 기울이고 참여하는 것이 불가능한 현상의 본질에는 상품교환에 근거한 자본주의 사회에서 필연적으로 발생하는 화폐를 가진 자와 상품을 가진 자(노동자) 사이의 근본적인 불평등이 존재한다. 그리고 이 모순이 국내적으로 경제적 양극화라는 형태로 끊임없이 드러나기 때문에 자본주의가 발전한 국가는 언제나 이러한 불평등을 해결하라는 국민의 요구에 직면하게 된다. 하지만 국가가 사회양극화를 해소하기 위해 복지지출을 늘리려고 할 때, 늘 부딪히게 되는 것은 다른 국가와의 경쟁이다. 자본주의는 근본적으로 세계경제의 바탕 위에 성립하는 것이기 때문이다. 특히 1990년 이후, 공산권의 해체와 더불어 급속히 진행된 신자유주의의 세계화는 전 세계를 하나의 시장으로 형성하면서 자본주의적 국가 간 경쟁을 더욱 심화시켰다. 고진은 이와 같은 오늘날의 상황을 19세기 후반의 제국주의적 경쟁상황과 크게 다르지 않은 것으로 분석한다.

물론 거기에는 차이 또한 존재한다. 19세기 후반의 제국주의 시대에는 자본이 국내시장의 포화에 의해 자기증식이 불가능하게 되자 새로운 시장을 구하기 위해 해외로 나가 식민지를 건설함으로써 자본주의의 계속적인 확장과 발전이 가능했다. 고진은 이러한 산업자본주의

ⓒ연합뉴스

자본에 의해 강제되어 상품화된 삶을 살아가는 노동자들은 자신의
삶을 공적으로 결정하는 위치에 설 수 없다. 그것은 오늘날의 실질
적 노동자뿐만 아니라 노동자가 되기 위해 살아가는 청년들도 마찬
가지다.

의 성장에 전제되는 조건 세 가지를 다음과 같이 제시한다. 첫째, 산업적 체제 바깥에 '자연'이 무한하게 있다는 전제, 둘째, 자본제경제 바깥에 '인간적 자연'이 무한하게 있다는 전제, 셋째, 기술혁신이 무한히 진전된다는 전제가 그것이다. 그러나 이 중 첫째와 둘째 전제는 1990년 이후 급속히 상실되고 있는 것으로 보인다. 인도와 중국이 경제대국으로 부상하면서 대규모의 산업발전으로 인해 자원이 동나고 자연파괴가 가속화되는 한편, 세계 농업인구의 과반을 차지했던 인도와 중국의 농민들이 모두 도시노동자로 재편되면서 새롭게 개발할 소비자층이 사라진다는 것이다. 쉬운 예로 인도와 중국의 농민들이 산업노동자가 되어 휴대폰을 다 가지게 될 때까지는 산업이 성장하겠지만, 그 후로는 전 세계 소비자가 동일하게 구성되면서 자본이 새롭게 자기 증식할 미개척 소비자 기반을 상실해버린다는 것이다. 그렇다면 남은 것은 셋째 전제인 기술혁신에 있는데, 실제로 지금 세계는 끊임없는 기술혁신에 의존하며 동일한 소비자를 대상으로 상품의 차이를 만들어냄으로써 자기증식의 영토를 확보하는 것에 사활을 걸고 있다. 삼성과 애플이 새로운 버전의 스마트폰을 계속해서 개발해내면서 특허권을 놓고 어마어마한 돈을 걸고 경쟁하는 이유가 여기에 있다.

그러나 끊임없는 기술혁신을 통해 자본이 자기증식을 멈추지 않는다고 한들, 자원이 고갈되고 환경이 파괴되는 것을 막을 수는 없다. 또한, 자본이 자기증식을 멈추지 않고 끊임없이 발전한다면 그로 인한 전 세계적 양극화 역시 더욱 극단적으로 심화될 것이 자명하다. 그런데도 자본주의적 교환양식의 지배를 바꾸지 않고 그대로 두게 된다면, 결국 남는 것은 포화된 세계시장에서 자본적 축적의 존속을 도모하는 국가 간 경쟁이 극단으로 치달아 세계는 국가에 의한 폭력적 점유 · 강탈에 기초한 세계로 퇴행할 것이라고 고진은 말한다. 즉, 자본주의의 전반적 위기가 이대로 고조될 경우, 가장 일어나기 쉬운 결과는 세계전쟁이라는 것이다. 20세기 초에 일어난 두 번의 세계대전이라는 끔찍한 비극은 세계 각국들로 하여금 반성의 계기를 제공하고 다시는 그런 일이 일어나지 않도록 하고자 국제연합이 만들어지는 계기가 되었지만, 3차 세계대전이 일어난다면 그것은 핵전쟁이 될 것이고 그렇게 되면 인류는 멸망하거나 잘해야 석기시대로 돌아갈 것이다.

## 자본주의적이지 않은 생산이나 교환의 창출이 필요한 이유

그러므로 지금 가장 시급하게 요구되는 것은 자본주의적이지 않은 생산이나 교환 방식을 창출하여 그것을 새로운 사회구성체를 형성하는 원리로 널리 적용하는 것이다. 고진은 이것이 가능하다고 말한다. 하지만 우리가 일반적으로 느끼기에 그것은 불가능해 보인다. 자본주의는 이제 우리의 경제생활을 틀 짓는 경제체제일 뿐만 아니라, 모든 삶의 영역에 깊숙이 침투한 하나의 생활양식이 되어버렸기 때문이다. 그렇다면 이러한 상황에서 자본에 대한 대항이 과연 어떻게 가능하다는 것일까? 고진은 자본주의를 '생산과정'을 중심에 놓은 입장에서가 아닌, '교환양식'의 총체로서 보면 가능한 것이라고 말한다. 다시 말해 이때까지 자본주의에 대한 대항운동이 생산과정에서 노동자 중심의 '노동운동'이었다면, 이제는 유통과정에서 소비자 중심의 '소비자운동'이 필요하다는 것이다. 고진에 따르면 생산과정에서 노동자는 철저하게 자본에 예속관계에 놓인다. 아무리 노동운동이 합법화되고 파업의 권리가 주어진다 해도, 노동자계급이 정치적·보편적인 투쟁에 서는 것은 곤란하다는 것이다. 첫째로 그렇게 하려면 노동자는 해고를 각오해야 하고, 둘째로 생산지점에서는 결국 노동자는 자본과 같은 입장에 서기 쉽기 때문이다. 노동자가 속한 자본은 다른 자본, 그리고 외국자본과의 경쟁관계에 있으며 그것에 지면 기업이 도산하고 노동자도 해고된다. 따라서 노동자는 어느 정도까지 경영자와 이해관계를 같이할 수밖에 없다.

하지만 고진은 이 지점에서 관점을 바꿔, 오늘날의 노동자는 동시에 소비자라는 데에 착안한다. 즉, 오늘날의 산업자본주의는 그것이 노동자를 고용하여 일하게 할 뿐만 아니라, 그 생산물을 노동자 자신이 사도록 하는 시스템이라는 것이다. 즉 노동자는 개개의 생산과정에서는 자본에 예속된다 하더라도, 유통과정의 소비자로서는 오히려 자본이 소비자로서의 노동자에게 예속된다. 그러므로 노동자계급이 자유로운 주체로서 자본에 대항하고 활동할 수 있는 장은 유통과정에 있다는 것이다. 자본이 이윤추구를 위해 범하는 많은 잘못을 노동자로서는 이해관계에 묶여 묵인할 수밖에 없었다면, 소비자라는 보편적인 관점에서는 그것을 비판하고 바로잡을 수 있다. 그뿐만 아니라 그것이 마음에 들지 않는다면 스스로 비자본적인 경제를 창출할 수도 있다. 여기서 말하는 비자본적인 경제에서 고진이 드는 구체적인 예는 소비자=생산협동조합 및 지역통화·신용시스템 등의 형성이다. 설령 그것에 의해 자본주의를 초극할 수 없다고 해도 자본주의와는 다른 경제

권의 창출은 중요한데, 그것은 자본주의를 넘어서는 것이 어떤 것인지를 사람들이 미리 실감하게 하기 때문이라고 고진은 말한다.

## 호수적 원리에 기반한
## 새로운 프로젝트

자본주의에 대항하는 방법에는 여러 가지가 있지만, 자본주의 논리 자체의 허점을 파고드는 협동조합과 같은 방식은 두 가지 이유로 아주 효과적으로 자본주의 너머의 세계에 대해 상상할 수 있게 한다. 첫 번째는 이런 조직의 운용원리 자체가 자본주의 체제의 해체를 부르는 것이고 두 번째는 이들이 자본의 교환체제를 넘어서 호수적 원리를 일부 내포하기 때문이다. 가라타니 고진이 실제로 기획하고 실천했던 남<sup>NAM,</sup> New Associationist Movement 프로젝트도 이와 같은 원리로 이루어져 있다.

자본주의 체제에서 화폐를 가지고 노동력을 구매할 수 있다는 것은 앞서 말한 바와 같이 노동력을 화폐와 거래해야 하는 노동자들에게는 철저하게 불리한 사실이다. 자본으로 형태만 바뀌었을 뿐, 제국주의 시절의 갑-을의 관계는 그대로 유지되고 있는 것이다.

그러나 자본주의는 기본적으로 생산한 만큼 구매되어 잉여자본을 남겨야만 유지될 수 있다. 바로 이 지점에서 기업과 노동자의 위치 역전이 가능한데, 노동자는 이 순간만큼은 소비자로서, 기업에 당당히 요구할 수 있고 능동적인 주체로서 우위에 설 수 있다. 이를 막기 위해 자본가들 대부분은 노동과 소비를 아주 별개의 문제로 치부했고 때문에 오랜 시간 노동운동과 소비운동은 연대하지 못했다. 그러나 고진이

제안한 남<sup>NAM</sup>이나 협동조합은 두 개를 분리하지 않음으로써 노동자에게도 권력을 주고 소비자로서 보이콧과 같은 아주 공격적인 투쟁을 가능하게 했다. 자본주의 안의 하나의 시스템이지만 동시에 자본주의가 가진 속성을 하나씩 무너뜨리는 역할을 하는 것이다.

뿐만 아니라 협동조합은 호수성의 원리를 지닌 공동체다. 기업 혹은 주식회사는 기본적으로 자신이 준 만큼 되돌려 받기를 원하는 형태로 구성된다. 그러나 협동조합은 주식회사와는 다르게 자신이 얼마를 처음 부담했건 모든 조합원은 한 사람만큼의 목소리와 이득을 얻는다. 공동체(조합)의 운영이 자본적 성격과는 전혀 상관없이 민주성에 기반을 둔 것이다.

동시에 협동조합은 조합원들에게 무한한 선택의 자유 대신 일정 부분 이해와 책임을 맡긴다. 조합원들은 협동에 대해 충분히 이해하고 이용할 책임을 가진다. 협동조합의 운영이 단순히 좋을 일을 하기에 잠시 기부를 하는 수준으로 돌아가지 않는다는 것이다. 조합원들은 한 번의 출자가 문제가 아니라 의식적으로라도 이 조직을 이용하고 이를 위해 품질에 대한 참여와 의견을 제시하는 공동체 구성원으로서 역할을 부여 받는다.

나아가 협동조합은 단순히 이득을 남기는 데 목적이 있지 않고 조합원들과 지역사회에 공헌하겠다는 목적을 가진다. 협동조합의 이런 의지는 무엇보다 잉여자본을 어떻게 처리하느냐의 문제에서 결정적으로 드러난다. 보통의 기업에서는 이득이 나면 투자자에게 가진 주식의 비율만큼 배당하여 이익을 나누거나 최고경영자 등에게 일반적으로 분배한다. 그러나 협동조합의 주인은 모든 조합원이기 때문에 잉여 이득이 났을 경우 협동조합의 성격에 따라 이 잉여 자본을 충분히 활용할 수 있다. 장애인과 관련된 협동조합이라면 장애인을 고용하는 데 이 자본을 더 투자할 수 있을 것이고, 다른 경우에는 지역사회에 문화 지원과 같은 형태로 환원하거나 가격할인 등으로 조합원 모두에게 돌려줄 수도 있다. 한편 실제 시장에 진출한 대부분의 협동조합에서는 이 경우 비상시를 대비한 자금으로 저금해두는데 이런 특징은 소비 협동조합의 경우 비정상적으로 물가가 오르거나 내리는 등 조직 운영의 특별한 문제 상황이 닥쳤을 때 조합원과 거래처가 불이익을 당하지 않도록 보호하는 역할을 한다. 때문에 협동조합은 다른 자본에 비해 훨씬 안전하고, 건강하다.

사실 어쩌면 남$^{NAM}$ 프로젝트가 실패했듯이 협동조합 역시 자본주의 안에서 어떤 한계점을 가지고 있을 것이다. 자본주의를 넘어서 새로운 체제의 대안으로 제안하기에는 부족한 점이 많다. 예컨대 협동조합이 너무 조합에만 신경을 쓰면 시장에서 뒤떨어지고, 자본주의 시장에서 사장될 것이다. 반대로 그 시장을 지나치게 의식하면 협동조합의 원래 의미와 원칙에서 멀어지는 경우가 많을 것이다.

그러나 협동조합이 기본적으로 갖고 있는 자본주의에 대항하는 성질과 호수성의 원리는 자본주의를 벗어났을 때의 경제가 어떤 식으로 유지 가능할지 상상할 수 있게 한다. 마치 어떤 식으로 우리 경제체제가 만들어지고 나아가야 할지를 맛보여주는 것과 같다. 적어도 협동조합이 지향하는 경제는 기본적으로 무척 윤리적이며 민주적이다. 노동자가 주인이라는 등 국민이 주인이라는 등 입에 발린 이야기가 아니라 정말 운영에 극대한 영향을 가지고 자신들에 의한, 자신들을 위한 형태의 정치가 가능한 것이다.

## 세계동시혁명을 향한 위험한 꿈

협동조합을 통해 '비자본제적 경제의 가능성'을 살펴보았다. 그러나 앞에서도 언급했듯이 이것이 완전한 대안이 되기엔 한계점이 많이 있다. 또한, 무엇보다도 협동조합이 세계전쟁을 막을 수 있으리라고 상상하긴 어렵다. 그러므로 비자본제적 경제양식을 아래에서 창출하는 것과 동시에 위로부터의 대항운동도 필요하다. 고진이 생각하기에 그것은 '국가를 지양'하는 운동이다. 자본주의적 경제성장이 한계에 부딪히면, 국가 간 블록 경제를 형성하거나, 경쟁이 격화될 수밖에 없다. 1, 2차 세계대전도 경제 위기 속의 식민지 쟁탈전의 성격이었던 것을 감안한다면 3차 세계대전이 일어날 가능성을 '전쟁이 일어나서는 안 된다'는 당위적인 목소리만으로 무시해서는 안 된다. 그리고 오히려 '전쟁이 일어날 수도 있다'는 것을 직시할 때만이 비로소 대안 모색이 가능할 것이다. 국가는 근본적으로 약탈과 재분배의 교환방식을 갖고 있고, 그런 국가를 보장해주는 것은 군대이다. UN과 같은 초국적기구 혹은 국제연합에 군사적 주권을 증여하는 것, 가라타니 고진은 이것을 '세계동시혁명'이라고 말한다. 한 국가가 군사적 주권을 증여하면 다른 국가도 그런 압박을 받지 않을 수 없다는 것이다.

이런 가라타니 고진의 생각이 무조건 맞다고 말할 수는 없다. 군사적 주권을 증여하는 것도 어려운 일일뿐더러, 일국이 군사적 주권을 양도한다고 해도 다른 국가가 거기에 동참할지는 알 수 없는 일이기 때문이다. 그렇지만, 가라타니 고진이 꾸고 있는 꿈, 바로 '세계평화를 위한 세계공화국'이란 꿈은 다가오는 시대에, 진지하게 검토해야 할 새로운 이념이 될 것임이 틀림없다.

> "자유는 책임과 관련이 있습니다. '자유로워지라'라는 명령에 따른 다는 것은 자신이 자유로운 존재임을 의미하는 것이 아니라, 이미 일 어나버린 일이 자신의 자유에 의한 것이었다고 받아들이는 것, 즉 책 임을 지는 일입니다."
> - 인디고 연구소, 『가능성의 중심-가라타니 고진 인터뷰』 중에서

이것은 책임으로서 자유이다. 배제된 이들이 고통 받는 현실에 대해 서 내가 의도적으로 관여한 바가 없다고 할지라도, 일어나고 있는 일 이라면 나의 자유로운 선택에 의한 결과라는 것을 이해하고 받아들 이는 것이 책임이다. 그리고 바로 여기에 책임을 지려는 주체만이 진 정 자유롭다고 말할 수 있지 않을까. 이는 자유가 부재하고, 삶이 안정 적이지 못한 상황 속에서도, 냉소하거나 외면하지 않고 이 시대를 책 임지는 자세이다. 가라타니는 자유 개념과 관련하여 칸트의 도덕법칙 을 인용한다. '인간을 수단으로서만이 아니라 목적으로서 대하라.' 가 라타니에게 칸트의 도덕법칙은 단지 인간이 타인을 대할 때 거짓말을 해서는 안 된다고 말하는 정도에 그치지 않는다. 가라타니는 칸트의 윤리를 사회구성체 속에서 '수단으로서만이 아니라 목적으로' 대우받 을 수 있는 존재까지로 확장시킨다. 즉, 인간 사회의 구조적 모순 속에 배제되고 고통받는 이들조차도 자신의 존재 자체가 목적이자 자유인

으로서 삶을 누릴 수 있는 정치·사회·경제적 차원에서 접근이 필요하다는 것이다.

결론적으로 가라타니가 지향하는 이상적인 미래란 인간이라면 누구나 정치·경제·사회·문화적 차원에서 그 자체가 목적인 삶을 살아갈 수 있는 존재로 살아가는 세상, 실질적인 자유를 누릴 수 있는 세계를 만들어가는 것이다. 우리는 너무나 여러 차례 국가와 정치의 무능이 인간의 자유를 얼마나 위협할 수 있는지를 목도했다. 이제는 우리 자신의 실질적 자유를 위해서라도 국가를 바꾸어가야 하는 때이다.

근대 이후 이 세계의 가장 큰 단위의 정치적 주체는 국민국가였다. 그러나 우리가 직면하고 있는 현실은 '한 국가가 더 이상 국민을 보호하지 못할 때 어떻게 해야 하는가'하는 질문에 적합한 대답을 내놓지 못하고 있다. 국가와 국가 사이에서, 일국 단위를 초월하여 벌어지는 고통에 대해서는 어떻게 대처할 수 있을 것인가? 여기에 대처할 수 있는 하나의 길로써 가라타니가 말하는 새로운 세계시스템으로서 '세계공화국'의 형태를 생각해볼 수 있다. 이는 군사력과 경제력의 우위를 바탕으로 세계를 제패하는 거대 제국으로서의 세계공화국을 말하는 것이 아니라, 국가들 간에 상호 부조적이고 호수적인 관계, 증여와 답례의 교환을 매개로 한 관계를 기본 원리로 삼고 있는 국가들의 연합이다. 따라서 이 관계에서 세계공화국과 국민국가들의 관계는 기본적으로 호혜의 구조를 띠고 있으며, 이는 국민국가 차원에서 할 수 없었던 많은 일을 가능하게 해줄 것이다.

물론 가라타니가 바라보는 세계공화국의 가장 큰 특징은 국민국가가 전쟁을 포기하는 것이다. 더 정확히 말하면 국가가 가진 전쟁의 권한을 '세계공화국'으로 증여하는 것이다. 어느 한 국가가 이렇게 전쟁을 증여한다면, 즉 전쟁하지 않을 것을 전 세계적으로 공표한다면 그것은 다른 국가들로 하여금 자기 국가에서도 전쟁을 포기해야 한다는 의식의 자각이 일어나게 되는 것이다. 이를 통해 신뢰를 얻고 힘이 중심이 형성된다. 책임을 질 수 있는 엄격한 윤리적 기준이 이 중심에 의해 작용하는 제국일 것이며, 그러므로 영구평화의 실현에 한발 나아가는 작업이 될 것이다.

하지만 세계공화국은 어디까지나 이상에 머무르고 있는 것이 아닐까? 진정 세계공화국은 탄생할 수 있을 것인가? 이에 대해 가라타니 고진은 세계공화국이 반드시 올 것이라고 말한다. 세계 1, 2차 세계대전이 일어난 후 UN이 생겨나고 세계기구들이 여럿 생겨난 것처럼 말이다. 3차 세계대전이 일어난다면 반드시 세계평화를 위한 기구는 어떤 형태로든 생길 것이다. 그것은 역사의 필연이자 운명이다. 그러나 우리가 해야 할 일은 그 운명에서 '세계대전'의 형태가 아닌 세계동시혁명을 꿈꾸고 실현하는 것이다. 이는 어렵고 요원한 일이다. 그러나 반드시 해내야 하는 일이기도 하다. 과연 우리는 어떠한 세계동시혁명을 일으킬 수 있을 것인가? 그 논의를 시작해야 하는 시대가 이미 도래했고, 우리는 이 책임과 의무를 피할 수 없다. 그렇기에 그 가능성의 중심에 서야만 한다.

새로운 세대를 위한 민주주의 2

# 가난한 사회, 고귀한 삶

1판 1쇄 펴냄 2017년  4월 28일
1판 2쇄 펴냄 2018년 11월 15일

**엮은이** 인디고 서원

**주간** 김현숙 | **편집** 변효현, 김주희
**디자인** 이현정, 전미혜
**영업** 백국현, 정강석 | **관리** 김옥연

**펴낸곳** 궁리출판 | **펴낸이** 이갑수

**등록** 1999년 3월 29일 제300-2004-162호
**주소** 10881 경기도 파주시 회동길 325-12
**전화** 031-955-9818 | **팩스** 031-955-9848
**홈페이지** www.kungree.com | **전자우편** kungree@kungree.com
**페이스북** /kungreepress | **트위터** @kungreepress

ⓒ 인디고 서원, 2017.

ISBN 978-89-5820-448-0  04300
ISBN 978-89-5820-450-3  04300 (세트)

값 13,000원